见识城邦

更新知识地图　拓展认知边界

讲给大家的中国历史

—05—

危机与考验

杨 照－著

中信出版集团 | 北京

图书在版编目（CIP）数据

讲给大家的中国历史. 5, 危机与考验 / 杨照著. --
北京 : 中信出版社, 2019.3（2024.11重印）
ISBN 978-7-5086-9888-5

Ⅰ. ①讲… Ⅱ. ①杨… Ⅲ. ①中国历史－通俗读物
Ⅳ. ①K209

中国版本图书馆CIP数据核字(2019)第000688号

本书仅限中国大陆地区发行销售

讲给大家的中国历史05：危机与考验

著　　者：杨　照
出版发行：中信出版集团股份有限公司
（北京市朝阳区东三环北路27号嘉铭中心　邮编　100020）
承 印 者：北京通州皇家印刷厂

开　　本：880mm × 1230mm　1/32　　印　　张：12.25　　字　　数：253千字
版　　次：2019年3月第1版　　印　　次：2024年11月第10次印刷
书　　号：ISBN 978-7-5086-9888-5
定　　价：48.00元

目 录

第二讲　外戚、宦官和士族的博弈

第三讲　汉帝国的运作和社会风气

第五讲 民间宗教与汉末乱局

第六讲 《三国志》与《三国演义》大不同

第七讲 豪族世家与部曲佃客

第九讲　魏晋新文化的形成

第十讲　外来势力的迫近

总　序

重新认识中国历史

01

钱穆（宾四）先生自学出身，没有学历，没有师承，很长一段时间在小学教书，然而他认真阅读并整理了古书中几乎所有春秋、战国时期相关史料，写成了《先秦诸子系年》一书。钱穆之所以写这样一本考据大书，很重要的刺激来自名噪一时的《古史辨》。钱穆认为，以顾颉刚为首的这群学者“疑古太过”，带着先入为主的有色眼光看中国古代史料，处处寻觅伪造作假的痕迹，没有平心静气尽量客观做好查考比对文献的基本功夫。功夫中的功夫、基本中的基本，是弄清楚这些被他们拿来“疑古辨伪”的材料究竟形成于什么时代。他们不愿做不能做，以至于许多推论必定流于意气、草率，于是钱穆便以一己之力从根做起，竟然达成将大部分史料精确排比到可以“编年”的成就。

很明显，《先秦诸子系年》的成就直接打击了《古史辨》的可信度。当时任职燕京大学，在中国学术界意气风发引领风骚的顾颉刚读了《先秦诸子系年》，也立刻理解了钱穆的用意。他的反应是什么？他立刻推荐钱穆到广州中山大学教书，还邀请钱穆为《燕京学报》写稿。中山大学钱穆没有去，倒是替《燕京学报》写了《刘向歆父子年谱》，钱穆说：“此文不啻特与颉刚诤议，颉刚不介意，既刊余文，又特推荐余在燕京任教。”

这是个“民国传奇”。里面牵涉那个时代学者对于知识学问的热情执着，也牵涉那个时代学者的真正风范，还牵涉那个时代学院重视学识高于重视学历的开放氛围。没有学历的钱穆在那样的环境中，单靠学问折服了潜在的论敌，得以进入当时的最高学府任教。

这个传奇还有后续。钱穆后来从燕京大学转往北大。“中国通史”是当时政府规定的大学历史系必修课，北大历史系惯常的做法，是让系里每个老师轮流排课，将自己擅长的时代或领域浓缩在几堂课中教授，用这种方式来构成“中国通史”课程。换句话说，大家理所当然地认为“中国通史”就是由古至今不同断代的中国历史接续起来，顶多再加上一些跨时代的专史。

可是，被派去教授“中国通史”课堂秦汉一段历史的钱穆，不同意这个做法。他公开对学生表达了质疑：不知道前面的老师说了什么，也不知道后面的老师要说什么，每个老师来给学生片断的知识，怎么可能让学生贯通地理解中国历史？学生被钱穆说服了，也是那个时代的精神。学生认为既然不合理就该要求改，系里也同意既然批评反对得有道理就该改。

怎么改？那就将“中国通史”整合起来，上学期由钱穆教，下学期则由系里的中古史大学者陈寅恪教。这样很好吧？问了钱穆，钱穆却说不好，而且明白表示，他希望自己一个人教，而且有把握可以自己一个人教。

这是何等狂傲的态度？本来只是个小学教员，靠顾颉刚提拔才破格到北大历史系任职的钱穆，竟然敢排挤数不清精通多少种语言、已经是中古史权威的大学者陈寅恪，自己一个人独揽教“中国通史”的工作。他凭什么？他有资格吗？

至少那个年代的北大历史系觉得钱穆有资格，依从他的意思，让他自己一个人教“中国通史”。钱穆累积了在北大教“中国通史”的经验，后来在抗战中随西南联大避居昆明时，埋首写出了经典史著《国史大纲》。

02

由《国史大纲》的内容及写法回推，我们可以明白钱穆坚持一个人教“中国通史”，以及北大历史系让他教的理由。那不是他的狂傲，而是他对于什么是“通史”提出了当时系里其他人没想到的深刻认识。

用原来的方式教的，是“简化版中国历史”，不是“中国通史”。“中国通史”的关键，当然是在“通”字，而这个“通”字显然来自太史公司马迁的“通古今之变”。司马迁的《史记》包纳了两千多年，如此漫长的时间中发生过那么多的事，对于一个史家最大的挑战，不在于如何收集两千多年来留下来的种种资料，而在于如何从庞大的资料中进行有意义的选择，从中选择什么，又放弃什么。

关键在于“有意义”。只是将所有材料排比出来，呈现的势必是偶然的混乱。许多发生过的事，不巧没有留下记录；留下记录可供后世了解的，往往琐碎零散。更重要的是，这些偶然记录下来的人与事，彼此之间有什么关联呢？如果记录是偶然的，人与人、事与事之间也没有什么关联，那为什么要知道过去发生了什么？

史家的根本职责就在于有意识地进行选择，并且排比、串联所选择的史料。最简单、最基本的串联是因果解释，从过去发生的事情中去挖掘、去探索“因为/所以”：前面有了这样的现象，以至于后来有了那样的发展；前面做了这样的决定，以至于后来有了那样的结果。排出“因为/所以”来，历史就不再是一堆混乱的现象与事件，人们阅读历史也就能够借此理解时间变化的法则，学习自然或人事因果的规律。

“通古今之变”，就是要从规模上将历史的因果解释放到最大。之所以需要像《史记》那样从文明初始写到当今现实，是因为这是人类经验的最大值，也就提供了从过往经验中寻找出意义与智慧的最大可能性。我们能从古往今来的漫长时间中找出什么贯通原则或普遍主题呢？或者通过消化漫长时间中的种种记录，我们如何回答那些只有放在历史长河里才能回答的关键问题呢？

这是司马迁最早提出的“通古今之变”理想，应该也是钱穆先生坚持一个人从头到尾教“中国通史”的根本精神价值来源。“通史”之“通”在于建立一个有意义的观点，帮助学生、读者从中国历史中看出一些特殊的贯通变化。这是众多可能观点中的一个，借由历史的叙述与分析能够尽量表达清楚，因而也必然是“一家之言”。不一样的人研究历史会看到、突显不同的重点，提出不同的解释。如果是不同时代、不同主题就换不同人从不同观点来讲，那么追求一贯“通古今之变”的理想与精神就无处着落了。

03

这也是我明显不自量力一个人讲述、写作一部中国历史的勇气来源。我要说的，是我所见到的中国历史，从接近无穷多的历史材料中，有意识、有原则地选择出其中一部分，讲述如何认识中国历史的一个故事。我说的，只是众多中国历史可能说法中的一个，有我如此述说、如此建立“通古今之变”因果模式的道理。

一言以蔽之，这个道理是“重新认识”。通过学校教育、普遍阅读或大众传媒，一些读者对中国历史有了一些基本常识和刻板印象。我试图做的，是邀请这样的读者来“重新认识”中国历史，来检验一下你以为的中国历史和事实史料及史学研究所呈现的，有多大的差距。

在选择中国历史叙述重点时，我会优先考虑那些史料或史学研究上扎实可信，却和一般常识、刻板印象不相合甚至相违背的部分。这个立场所根据的，是过去百年来，“新史学”、西方史学诸方法被引进并运用到研究中国历史中所累积的丰富成果。但很奇怪也很不幸的是，这些精彩、有趣、突破性的历史知识与看法，却迟迟没有进入教育体系、没有进入一般人的历史常识中，以至于21世纪的大部分人对中国历史的认识，竟然还依循一百多年前流通的传统说法。“重新认识”的一个目的，就是用这些新发现、新研究成果修正、挑战、取代传统旧说法。

“重新认识”的另一个目的，是回到“为什么学历史”的态度问题上，提供不同的思考。学历史到底在学什么？是学一大堆人名、地名、年代，背诵下来用于考试时答题？这样的历史知识一来在互联网上随时都能查得到，二来和我们的现实生活有什么关联？还是学用现代想法改编的古装历史故事、历史戏剧？这样的历史，固然有现实联结，方便我们投射感情入戏，然而对于我们了解过去、体会不同时代的特殊性，有什么帮助呢？

在这套书中，我的一贯信念是学历史最重要的不是学What——历史上发生了什么，而是要探究How和Why——去了解这些事是如何发生的，为什么会发生。没有What当然无从解释How和Why，历史不可能离开事实叙述只存在理论；然而历史也不可以、不应该只停留在事实叙述上。只叙述事实，不解释如何与为什么，无论将事实说得再怎么生动，也无助于我们从历史而认识人的行为多样性以及个体或集体行为逻辑。

借由述说漫长的中国历史，借由同时探究历史中的如何与为什么，我希望一方面能帮助读者梳理、思考当下的文明、社会是如何形成的，一方面能让读者确切感受到中国文明内在的多元样貌。在时间之流里，中国绝对不是单一不变的，中国人、中国社会、中国文明曾经有过太多不一样的面貌。这些历史上曾经存在的种种面貌，加起来才是中国。在没有如实认识中国历史的丰富变化之前，先别将任何关于中国的看法及说法视为理所当然。

04

这是一套一边说中国历史，一边解释历史知识如何可能的书。我的用心是希望读者不要只是被动地接受这些信息，将其当作斩钉截铁的事实，而是能够在阅读中去好奇、去思考：我们怎么能知道过去发生了什么，又如何去评断该相信什么、怀疑什么？历史知识的来历常常和历史本身同样曲折复杂，甚至更加曲折复杂。

这套书一共分成 13 册，能够成书的最主要原因是台湾“敏隆讲堂”和“趋势讲堂”让我两度完整地讲授中国通史课程，每一次课程前后横跨五个年头。换句话说，从 2007 年第一讲算起，我花了超过十年的时间。在十年备课及授课过程中，我的大部分时间都用于消化关于中国历史的研究的各种论文及专著，并努力吸收这些研究的发现与论点，尽量有机地编组进我的历史叙述与讨论中。明白地说，我将自己的角色设定为一个勤劳、忠实、不轻信不妥协的二手研究整合者，而不是进入原始材料提出独特成果的人。只有放弃自己的原创研究冲动，虚心地站在前辈及同辈学者的庞大学术基础上，才有可能处理中国通史题材，才能找出一点点“通”的心得。

这套书有将近两百万字的篇幅，时间范围涵盖从新石器时代到辛亥革命。这样一套书，一定不可避免地夹杂了许多错误。我只能期望能够将单纯知识事实上的“硬伤”降到最低，至于论理与解释带有疑义的部分就当作“抛砖引玉”，请专家读者不吝提出指正意见，得以将中国历史的认识推到更广且更深的境界。

第一讲

西汉、东汉大不同

01

历史的功用只是以史为鉴吗？

问大家两个很根本的问题：在当代，我们学历史做什么？我们从历史中能学到什么？

对上述问题，过去有很简单的标准答案，那就是“以史为镜”（《旧唐书·魏征传》）。历史作为我们的借鉴，其中有古人做的正确的事，我们就可以模仿；相反，古人做的带来可怕后果的事，我们也可以提防和避免。

但是这种对待历史的态度有一个盲点：如果我们一直抱持古为今用这个目的看历史，会将太多的自我读进历史里，以致忽略甚至遗忘了历史人物的生活，他们面对的情境，他们更深刻的价值观念等，与我们的很不一样这个事实。从古为今用出发，我们很容易对古人的行为赋予自以为是的现代解释。我们会自然地认定过去和现在的类似行为，就意味着它们背后有相同的动机。

用这种方式学历史，有一个严重的问题，那就是我们没有真正看到时间因素带来的重大变化或差异。这是我不断试图提醒大家的：即使是看待中国历史，即使看起来这些人的语言文字、社会习俗和我们现在的很接近，我们都不应该先入为主地认定他们就是和我们一样的。

我们不应该只看历史的“同”，即只找出古人和我们一样的地方，得到对当下有用的教训；我们也要看历史的“异”，即察觉并思考，为什么古人和我们不一样，而且有时那么不一样。从求异的角度看历史，推到极端，我们可以将每一个历史时期都看作一个异国的或一种异文化的历史。也就是说，那是一个独特的社会和文化体系，有它们那个时代特殊的观念信仰、经济生产和权力支配方式等。没有两个社会或两个时代会用完全一样的方式建构。

“求异”，就会在历史里清楚地看到古代那些和我们不一样的现象。如此，学历史就变成了搜罗珍奇的行为。将所有和现实不一样的、今天我们不会做的行为集合在一起，这很热闹，很有趣，但若仅如此，历史也就很容易失去和现实生活的关联，失去具体的功用。

过去中国传统史学太过强调古为今用，这容易陷入“求同”的知识盲点中，因而我们必须转而提醒“求异”的重要性。不过如果“求异”过度，变成以猎奇的眼光来看历史，那么历史又会因为和现实无关，而变得琐碎化、边缘化。

我们应该试着在“求同”“求异”这两端之间找出一条迂曲的

路，让历史对我们如何在现实中更好地生存有帮助，但不是以那么直接、那么粗糙的方式。比如，项羽威胁刘邦要杀他父亲时，刘邦的反应是："你曾想和我约为兄弟，所以我父亲也就是你父亲，如果你一定要杀他，把他煮成羹来吃，别忘了分我一碗！"我们从中会学到什么？有人从刘邦后来得了天下，打败了项羽这个结果，做出简单的推论：这意味着要成大事，父亲都可以不要！

是吗？如果历史给我们的是这种教训，如果我们遵循历史教我们的这种方式生活，那很可怕吧？我们对历史教训的态度不应该是这种近视的模仿，而是需要稍微多用点心，去探究发生这件事的那个社会、那个时代，分析刘邦如此反应的动机，再尝试回答这和刘邦后来取得天下，到底有没有关系，若有，又有怎样的关系。

学习历史的第一步，是搜集各种不同的人类行为，即他们和我们现实中习以为常的很不一样的行为。这能使我们清楚地明白：别以为我们知道人，人远比我们想象的复杂得多。从搜集相异行为出发，我们再进一步解释为什么他们会有这样或那样的行为。慢慢地，也许我们会有机会在这些五花八门、眼花缭乱的行为中，归纳出一点因果关系。

对我们真正有帮助的，不是行为上直接的借鉴和模仿，而是深入了解人类行为的因果，掌握什么样的原因会带来什么样的行为和反应，我们因此才能多增加一点智慧，才能比较准确地预计在人的互动领域中会发生什么事。

02

带着同理心研究历史

两汉之际，表面上的现象是：王莽取代了西汉，且建立了新朝；短短十几年之后，刘秀又灭亡了新朝，在洛阳重建了汉朝，于是出现了东汉或曰后汉。这是我们学到的历史事实。但真正重要的不是事实，而是依据事实追问：为什么王莽能够不费一兵一卒，完全和平地、几乎没有受到阻碍地取得政权？为什么他取得了政权之后，反而引发了普遍的反对？

认识历史时，“为什么”比“是什么”更重要。“是什么”只要照抄留下来的史料就可以了，但要回答“为什么”，必须动用一项特殊的能力——同理心（empathy），它是一种设身处地去想、去感受、去体验的能力。我必须将自己化身为生活在西汉政治社会环境中的人，甚至化身为王莽，才有机会解释为什么是王莽，为什么他是用这种和平的方式结束西汉的。

用这种方式学历史，能给予我们摆脱以自我为中心的难得训练。自我灌注了许多想当然在每个人的身体里，会让人不假思考地认定所有人都和自己一样。历史却鲜活地、无从否认地显现给我们看：人是那么不一样，当然不是每个人都像我们自己。不摆脱被想当然拘束了的想法和感受，我们就无法进入历史，更无法了解为什么会发生那些事，那些人为什么会做那样的选择。在历史上，无论是刘秀、阮籍、李白、王安石，还是李莲英，他们的共同特点在于，他们都和我们大不相同。要了解他们怎么会成为被记载的历史人物，我们必须先将自我暂时搁置，试着进入他们的情境和心灵里。

我们用这种方法来理解历史，理解历史人物，也就能用这种方法来理解现实，理解周围的人。一个人最痛苦的事，经常来自其最大的盲点，那就是无法与他人沟通。我们以为自己在和这个人沟通，但为什么无法获得真正的了解呢？很多时候，那是因为我们不自觉地认定他和我是同样的人，我说什么话，表达什么意思，他就会按照我的意思，有我预期的反应。但我们错了，从最根本处就错了——他不见得是和我同样的人。只有当我们懂得将自己的立场和角度换作他的，也就是设身处地将自己当作他，我们才能找到真正有效沟通的方法。

再说一遍，历史能给予我们的，不是可直接模仿的行为，而是对更深层的人类心理、人类个性和人类反应的认识，我们能从中积累智慧。从这样的立场出发，我试图带领大家重新认识中国历史的方式，会明显地向思想史倾斜。我的本位是思想史的概念，也就是持续不懈地探索事件与人物背后牵涉的思想。一个人脑袋里想的，决定了他外在的行为。行为只是思想的一部分，思想既比行为广泛，也比行为根本。进入观念和价值判断等思想层面，我们才能真正解释历史中的种种“为什么”。

03

西汉的主流观念

在意识和观念的层面，西汉最特殊之处，就在于人们对经书的强烈信仰。许多人认定，关于这个世界的问题，我们都可以在经书里，甚至只能在经书里找到答案和解决方法。现实的答案与解决方法，早就封存在古老的文字里。

和经书地位上升同时发生的是，人们深信文字具备神秘的力量。社会上对古老文字的迷信，再加上越来越庞大的感应世界观系统，是王莽崛起的基础。而王莽的败亡，也和这两个根本因素脱不了干系。或者应该这样说，过度相信和过度强调这样的观念，酿成了王莽灭亡的悲剧。

对王莽的新朝，《汉书》里有一段关键的话："莽意以为制定则天下自平，故锐思于地理，制礼作乐，讲合六经之说。公卿旦入暮出，议论连年不决，不暇省狱讼冤结民之急务。县宰缺者，数年守兼，一切贪残日甚。”意思是，王莽相信制度，他把所有的心力都放在定制度上，为什么制度定了就能天下自平？因为定制度的方法，是“讲合六经之说”，即符合经书中包含的真理。于是，所谓定制度其实也不是真正地专注在思考制度上，而只是扩大版的经学讨论会，即讨论确定经学的意义，再按照这答案来定制度。这谈何容易！整个朝廷都卷在无穷无尽的经学讨论中，没空做任何其他的事，政务便以惊人的程度快速地荒废了。

会发生这样的事，也是因为王莽不觉得除了讨论经学意义以定制度之外，还需要做别的事。制度的实施与发挥作用，对他来说不成问题。“天下自平”，怎么个“自”法？就是靠感应。按照感应的观念，对的制度立即就能和要关联上的人、事、物产生自然感应，发挥对的作用。这里没有我们现代习惯、熟悉的因果律，或者说，以今天的理性逻辑来看，其因果关系是跳跃的，由某因到某果的这个联系没法环环相扣地建立起来。

以演绎和归纳为基础的完整因果逻辑，很晚才在西方建立起来。在因果逻辑、科学思考普遍流行之前，不只是在中国，不只是在汉朝，很多文明、很多社会都以直觉接受了感应，以感应作为分类、掌握世界变化的观念工具。感应的基础，就是物以类聚，即类似的现象被人们按照想象放在一起，且相信它们彼此之间会有自然的交互影响。

王莽是西汉感应流行下的产物，建立新朝的他遵循同样的规则。他严重缺乏对程序、因果的思考，从来不想也从不担心，从 A 出发该如何走到B。对他来说，只要确认了A和B是同类，那么这边建立起A，不管B在A多远之外，依靠感应，B就随之改变了。

王莽极度重视“名”，他相信“正名”，也就是说给事物对的名字，用对的方式称呼后，借由感应，事物也就被纠正了，即它按照名字获得了应有的性质，从而发挥应有的作用。

我们之前论述过汉赋的发展，看到汉赋背后重要的动机，是为新世界命名。为什么要发明、运用那么多新鲜、生僻的字？因为新朝代的新天新地，有很多新事物和新现象需要相应的名字。有了名字，它们才能有固定的分类，才能为人所理解，所掌握。

王莽耗费心力所做之事的核心也是命名，他认定如果能让帝国中万事万物都有合适、正确的名字，那么只靠名字产生的分类感应力量，就能给帝国带来合适且正确的秩序。

基于“正名”的原则，西汉东方的属国，就不应该叫“高句丽”，属国怎么能“高”呢？于是，王莽的新朝就强迫“高句丽”改名为“下句丽”。更严重的还有西汉北方最大的邻国匈奴，王莽认定，西汉之所以和匈奴之间有这么多冲突，归根结底就是匈奴的名字害的，匈奴“匈”什么啊，改名为“恭奴”，他以为这样一来，匈奴就会因“正名”的感应效果变乖，变恭顺了。

不仅如此，王莽还要将匈奴国君“单于”的称号，改为“降奴服于”。这样他的地位明显就比中原皇帝的低，也就确立了彼此之间的关系，匈奴就不会挑战中原王朝的权威了。当然，现实中，如此改名非但不会让“下句丽”“恭奴”都变得恭下，反而产生了截然相反的结果，他们给东方和北方边境带来了巨大的骚乱与不安。

04

王莽为什么热衷于改官名？

王莽花了很多时间定官制。官制为何需要一改再改？其实真正改的，与其说是官制，不如说是官名。对一个官员该管什么，具备什么样的责任与权力，该以什么样的程序来执行职务，又该如何与其他上下或平行官职互动，王莽并不在意。他认为只要官名取对了，按照名称，官与民、官与官之间，自然会有对的运作；完美的名号，会将大家带回经书所记录的那个完美秩序里。

但是，完美的名号真的存在吗？经学高度发展，在原来的今文经学之外，又出现了很不一样的古文经学，经学内部都吵嚷不休，再加上其他古文献，还有持续不断冒出来的，假借经学之名，依附于经学的谶纬，他要从这里面找出完美的官职名称，这简直就是不可能完成的任务。

更何况在这套信念中，所谓完美的名号也就是最有效的名号。完美的名号通过感应就能创造完美的秩序，那么反过来看，如果完美秩序没有如预期一般出现，那么也就表示为其所取的名号不是完美的。如此就创造了巨大的缺陷，进入了恶性循环：改了官名，社会非但没有安定，还比以前更乱，于是，王莽就更积极地改官名，试图找到更好的真正完美的官名。

他看不到的是，改官名本身就制造了乱局。受官名改动牵制，官职也被进一步毁坏了。今天换了一个新官名，官员还没搞清楚新旧官名之间的实际官职如何调整，明天又换了一个更新的官名，结果就是官员也弄不清自己的职责了。本来一个官员批过的公文该被送到一个特定的单位，突然这个单位改名了，接着这个单位不见了，结果就是过去习惯、固定的官僚流程走不下去了。

官职大混乱很快就带来了整个官僚体制的大停滞，到后来，这严重到官员连薪俸都领不到的程度了，因为到处都是新的官，却没有人知道该如何为这些新官核薪。后来连负责薪俸的单位名字也被一改再改，大家都不知道该找什么官询问、领薪俸了！

官员领不到薪水，怎么办？《汉书》给了四个字的简单描述："并为奸利。"

官员们仍然在位子上，却收不到预期的薪俸，怎么办？他们最直接的反应，几乎是这个情况逼迫他们不得不做的，就是利用他们的官位去牟利。况且，很多人在官名改后都弄不清楚自己究竟该做什么事了，于是他们很自然地就全职替自己牟利了，而且大家都这么做，即"并为奸利"。

他们没有廉耻心，不知道这样做是错的吗？他们或许有过不安的念头，然而在那样的时代氛围中，他们很容易想办法将自己的行为合理化，以缓和内心的罪恶感。那是经书权威最为崇高的时代，经书加上衍生的各种文本就是真理，所以只要能在庞大的文本中找出字句，给予所需的解释，基本上就可以提供绝大部分人类行为的依据。

05

“天人感应”与扭曲的政治运作

从对历史上权力运作的长期观察中，我们能够理解为什么权力会使人倾向于堕落。人有了不受约束的选择时，会很自然地倾向于选择容易的事，也就是倾向于相信可以让他容易活着的想法。王莽一下子取得了至高的、近乎绝对的权力，而他要应付的西汉末年的社会问题如此艰巨，他很勤奋地按照信念，持续地进行制度改革，至于改革会带来什么样的效果，在没有固定、严格的检验模式的规范下，拥有权力的人很自然地选择了最容易得到满足的方法。

那就是感应，它也是当时的另一个流行观念。要认真查验一项一项的改革，以因果的模式去查验，即这样的改革产生了怎样的结果，这太慢太累，而且常常得到负面的答案。相较之下，相信并依赖感应，既快又让人安心。

感应为王莽提供了逃避现实的捷径，但这更加强化了改革带来的破坏作用。真实的问题没有进入王莽的意识里，明明帝国乱成一片，他还活在自我感觉良好的幻觉中。

史书记载王莽相信“厌胜之术”，这是感应的一种变形。“厌胜之术”是跳过正常因果律的快捷方式，据说它不需要兵器、部队、训练和布阵等辛苦且没把握的程序，就能战胜敌人，只要聚拢对的因素，创造出感应来，它就能让敌人摧枯拉朽般地失败。

社会越乱，局势越不利，这种快捷方式越有吸引力。不用征调或召集一万人，也不用考虑哪个将军有能力，是否够忠诚，是否会背叛，他只需要在宫廷里，按照阴阳五行的“厌胜”原理，仪式性地把各种不同元素摆一摆，就能让敌人消失。多好！

天下大乱，反声四起之际，王莽在做什么？他在找容易的办法打击想象中的敌人。有一天，他在梦中看见长乐宫里的五个铜人活了过来，醒来后，他就得出一个重要结论：原来新朝会出问题，都是秦朝所铸的这些铜人在作祟。铜人为什么会有这种力量？因为他们身上有字，字有神秘的作用。这很简单，甚至不必费力将五个铜人销毁，赶紧除掉他们身上铸的字就解决问题了！

再一次，他突然意识到自己最大的敌人是被他取代的刘家人。于是，他就派人到祭拜刘邦的高祖庙里将门窗打烂，这是在威胁高祖：我知道是你们在阻碍我，你们给我小心一点，如果你们继续这样做，我会叫你们好看！然后他又派人将元帝的陵墓外面都漆成黑色，以示惩罚和警告。

这样的行为很荒唐，甚至很幼稚。不过，在那个时代的思想和信仰环境中，这是很容易理解的。王莽本来就是相信感应的人，他越依赖感应，现实状况就越是混乱，现实状况越糟，他就越是依赖感应解决问题。

从政治效果来看，董仲舒建立的“天人感应”理论，原本是要以天或天所降下的祥瑞、灾异来引导、制衡皇帝的。然而发展到王莽的时代，感应理论极度膨胀，近乎失控，到底什么现象该如何解释，人言人殊。而且王莽自身浸淫在这个传统里，他会自己解释感应，甚至自己设计感应。

他设计出的一种感应之法，是让自己重新结一次婚。他的理由是自己要“以正治乱”，而一切人间秩序的根本、起点，是夫妇之礼，因而如果可以“正夫妇之礼”，就能引导天下秩序归正。为了发挥这样的作用，皇帝应该做出牺牲，所以王莽 68 岁时娶了一个新娘，还用最严谨的古法行婚礼，“以正天下”。

王莽娶妻的那几天，天气异常，先下大雨，后来又刮起大风。大雨大风，这很不吉利，应该是警告性的灾异吧？然而群臣上书，纷纷恭喜皇帝“庚子雨水洒道”，即结婚日到来之前，上天先帮忙将街道洗干净了；“辛丑清靓无尘”，即上天还把尘土都吹走了。接着，“其夕谷风迅疾，……诸欲依废汉火刘，皆沃灌雪除，殄灭无余杂矣”。即到了晚上刮了非常的大风，原来它是要将代表旧汉朝的火德一口气通通吹灭，这样旧汉朝就不会再有余伙来作怪了，所以“百谷丰茂，庶草蕃殖，元元欢喜，兆民赖福，天下幸甚”！

下大雨，刮大风都能用这种方式解释，这实际上也就是说人间不会有“灾异”，不会有原先董仲舒相信的上天对皇帝的警告了。

过去被认定为最明显的“灾异”现象，现在都被曲解成“祥瑞”了。在这个时候，“天人感应”说已经完全变质了。

董仲舒主张“天人感应”，突显天象的重要性，是因为天象不会随着人的主观意志而改变，所以天象被用来约束皇帝。“天人感应”认为天象是人类集体行为的一种客观反映，它使人们摆脱人的主观盲点或自我欺瞒。人没有办法控制天象，如人主观上期待风和日丽，天气不一定就风和日丽，总有人所不乐见的狂风暴雨会发生一样。不随主观而消失，更无法以主观否认、忽略的狂风暴雨等，就被当作人类集体行为的警告。

但在王莽的新朝，人们对天象的解释复杂、扭曲到几乎没有了公认的、客观的标准。连狂风暴雨都能被解释成吉祥的兆头，即天象不随人移转，天象的意义却几乎可以无限地随人的主观意志移转，“天人感应”原始的政治作用也就不见了。

06

王莽莫名其妙的统治

王莽身边有一位介于幕僚和朋友之间的重要人物，他叫甄丰，字长伯。他和王莽的关系亲近到什么程度呢？亲近到京城里的小孩朗朗上口地唱着“夜半客，甄长伯”，意思是，如果王莽家半夜来了客人，那不可能是别人，一定是甄丰。这种“绯衣小儿”在街上传唱的歌谣，也是那个时代流行的谶的一种。

在王莽新朝，有人送上了金匮之符，上面列了几个名字，其中就有甄丰，还有人人都知道的和王莽关系亲近的刘歆；比较特别的是还有“哀章”，他就是来呈献金匮之符的人；还有一个没有人认识的王盛。其实这很容易猜出来，所谓金匮之符，根本就是哀章用来骗吃骗喝的工具，用这种方式抬高自己的重要性。他找了王莽身边的六个重要人士列名在上，再加上自己，最后捏造了一个王盛补足八人之数。

在那个一切评判都失去了客观标准的时代，竟然连这么粗糙的手法都能得逞。王莽接受了金匮之符，并将之当作政权的重要福瑞，于是，他就提拔了哀章，使其和甄丰、刘歆等人平起平坐；还找到了一个卖饼的人，把他叫作王盛，并使之享高位。

这件事便宜了哀章，更便宜了莫名其妙的王盛，但严重损害了甄丰。“夜半客，甄长伯”，这是何等地位，他怎么会突然沦落到要与卖饼的人同列？甄丰对王莽表达了强烈不满，但王莽没有接受。眼看王莽相信符咒更甚于老友和功臣，一气之下，甄丰和他的儿子也去造了一个符，宣称自己才是真正天命之所系。这种符，王莽可就不会相信了，他立即判定符是假造的，既然符上明确写了甄丰的名字，他就直接将甄丰父子抓来杀了。

刘歆与甄丰过从甚密，刘家也因此遭到牵连，刘歆的两个儿子一并被杀。刘歆还有一个女儿，她嫁给了王莽的儿子王临。王临因为和侍女私通被发现了，他担心自己被王莽处罚，索性就联络另一个兄弟起事谋反，结果失败被捕，与刘歆的女儿一起被处死。

通过甄丰和刘歆的例子，我们可以看出王莽遭遇的严重统治问题。逐渐地，没有人有办法在王莽身边做事，更难维持对他的效忠。王莽个人独断权力很大，官僚行事规范又被破坏了，除了揣摩皇帝的主观看法，别无其他固定的做事方法。偏偏王莽又信感应，信谶纬，信厌胜之术，各种神怪、荒诞的信息都可以影响他。于是，在王莽新朝，用人没有标准，谁上来，谁下去，甚至谁被杀，一概乱了套，毫无章法可言。在这种情况下，谁还愿意，谁还能维持效忠呢?

王临为何因于细故，就铤而走险发动反逆呢?他不过就是和侍女私通。早在王莽取得大权之前，他的另一个儿子王获因杀了家中奴婢，就被王莽逼迫自杀了。王莽牺牲了儿子，换来了很高的赞誉，这大大有助于他在政治上的崛起。王临预计自己不免也走上王获的老路，所以为了求生，宁可冒险。

儿子王临的反应，清楚地说明就连儿子都不信任父亲王莽，害怕王莽以极端的手段对付他。“亲亲”的基础毁坏了，“贤贤”的原则也不适用了，谁还会留在王莽身边呢?效忠王莽的人越来越少，王莽这个皇帝当然越来越孤立了。

07

王莽政权后期的骚乱

更严重的是民生凋敝。王莽衷心地相信复古，他刻意用各种办法毁坏商业贸易，又不顾执行上的困难，强行下令“限田”，于是，商人、地主都必然成了王朝的敌人。经济秩序大乱，农业生产也无法正常进行，于是，农民非但没有受益，反而一并成了受害者。

王莽夺权的基础，原本是西汉末年被土地兼并撕裂的社会。王莽出身外戚，理应倾向于地主，尤其大地主，他却表现得体恤小农，重视本业。如此，他取得了广大农民和理想派儒生的热烈拥护。但等到他真正掌权了，对他大有期待的儒生无法在官场上受到重视，农民也被卷入骚乱之中无法安居。

于是，西汉末年对立最为严重的两群人，竟然在王莽新朝神奇地联合在一起了：一边是地主，另一边是农民，他们本来在土地关系上对立，现在因为有了共同敌人，而在情绪上、策略上选择暂时站在一起。这显耀的共同敌人，当然就是王莽。

钱穆先生研究中国历史得到的一个洞见是，中国要发生普遍的农民革命，非常不容易。因为中国太大，土地范围太广，虽然几乎年年有水旱灾害带来的饥荒，但天灾带来的不安都是局部性、地方性的。那么广范围的荒歉，基于那么不一样气候条件的天灾，在同一时期不太可能发生。荒歉之处的骚乱，煽动不了丰收之处，反过来，丰收之处的收成可以协助解决部分性、地方性的饥荒问题，这让骚乱不致扩大。

另外，中国的农业根基带来的主要的社会阶层对立，是农民和地主的对立。一个皇帝一个政权，很难同时讨好这两个利益对立的阶层，但反过来也就很难同时得罪、激怒这两个利益对立的阶层。农民反对的，地主支持，地主反对的，农民支持，这就不容易掀起普遍的革命。

王莽政权后期各地出现的骚乱，在现代历史叙述中一般以“农民起义”总括称之，但仔细一点看，显然不是所有的骚乱都起自农民。比如，山东琅琊有一场骚乱，其领导者是一个没有名字的人，史书叫她吕母。《汉书》说她“家素丰，赀产数百万”，她的独子吕育，被县吏下狱冤死，做母亲的一怒，要为儿子复仇。于是，她散家财，聚拢了一群“少年”，即周围贫穷人家的子弟都跑到她身边来了。他们发动起义，杀了县令。既然为了报仇已经犯官，他们便索性公开叛变。

吕母好厉害，她自称将军，带人游击海上，以其靠近海边的地利，不时出海。官军拿她没办法，于是就有更多的人跑来依附她。

吕母稳占了“中国历史上第一个抗暴起义的女性领袖”的地位。不过值得探究的是，吕母并不符合“农民起义”的标准，她的阶级身份显然是地主，甚至是大地主，而不是农民。而她之所以能聚众上万，也是靠着地主家的庞大资财。

后来，地主吕母死了，她的部众没有立即散掉，其中一大部分加入了赤眉军。赤眉军也起自山东，其领导者是樊崇，他们的特色是“以言辞为约束，无文书、旌旗、部曲、号令”。赤眉军之所以叫赤眉军，就是因为他们没有旗帜，为了在战阵中分辨自己人，大家就都将眉毛染成红色。

“以言辞为约束，无文书、旌旗、部曲、号令”，这意味着赤眉军的高度松散性。赤眉军没有高高在上的将军，所有人都是士兵，彼此之间不存在从属关系。当然，这样一支庞大的军队不可能彻底扁平化管理，赤眉军中地位最高的人，叫作“三老”，其次有“从事”“卒史”，这些名号都来自农村古老的底层村社组织。

从这些描述中，我们就能看出赤眉军具备了极朴素的农民个性。他们的知识仅及于基层的邻里村社组织，所以他们集结在一起，就只懂得运用“三老”“卒史”这类的头衔。地主吕母带领的人，后来大部分加入了赤眉军，反推之，我们有理由相信，这些加入吕母行列的人，本来也是农民。

08

众叛亲离的王莽

王莽的做法使地主和农民团结在反抗组织中，另一个例证是南阳的刘縯和刘秀兄弟。他们自己的身份，主要是大地主，再加上刘氏皇家宗室。不过，他们的皇室血缘其实已经很远，很淡薄了，他们是汉高祖刘邦的九世孙，往上算的七世祖是长沙王，换句话说，从长沙王以下到刘縯，中间六代没有王侯位子。

他们在南阳建立了强大的势力，和吕母一样有百万资财。起兵之初，他们以地名称呼自己的军队为“舂陵军”，但后来这个名号就不见了，因为他们加入了绿林军。

绿林军和赤眉军同等重要，后世说到反官府的盗匪都还通称其为绿林，尤其是以正面的价值赋予盗匪浪漫想象时，就称之为“绿林好汉”。绿林军和赤眉军都是由多股势力集结而成的。绿林起自“绿林山”，即今天湖北的大洪山。

这些反对王莽的力量崛起，主要源自生活上的问题，生产与贸易都被破坏了，人活不下去。然而因为地主阶层也参与在内，这就使得这样的“起义”或“叛乱”有了更复杂的意义。比如刘縯、刘秀兄弟具备刘姓宗室的身份，他们的确与其他人不一样。于是，他们带领的军队就多加了战斗主旨，或者说中心思想。他们反对王莽的立场成了“复高祖之业，定万世之秋”，汉朝、汉高祖被抬出来了，通过诉诸大家的怀旧心情，而有了更大的号召力。

“复高祖之业，定万世之秋”这样的口号和想法，很快地流传开来，这进一步给了反抗军新的合法性。让刘家人重新当皇帝，这样大家就能像以前一样享受长久的太平，终结王莽带来的混乱和痛苦。如此既有了明确目的，又有了方法。目的就是重建稳定秩序，方法则是换掉王莽，恢复王莽之前的刘家天下，找回之前的皇帝，这样人们就能过回从前有秩序的日子。

王莽的悲哀就在于，明明他是凭借着西汉末年政治败坏而崛起的，但在他一阵乱搞之后，对现实的强烈不满，促使人们遗忘了当时的败坏，转而美化了人们对西汉的记忆，人们进而主张：只要把新的换掉，让旧的回来，一切就都没事了！

这也是一种让时光倒流的复古思考模式。只是王莽要恢复的，是理想中、经书里的“远古”；而反对他的人追求的，是恢复刚刚过去的“之前”。不管是“远古”还是“之前”，他们都相信倒退回去是可能的，而且这比停留在现实里更好。

突然之间，汉朝在大家的记忆中变得如此美好！于是，反抗王莽的各路人马，“一时皆取刘氏之号”，即全都自称和旧王朝的刘家有关系。刘家人身价大涨，原本糜烂败坏以致轻易被王莽推翻的刘家政权，这时借由王莽的不得人心，逆转成为新的号召旗帜。

09

刘秀的崛起与隐忍

最早明确遵循这个潮流的是绿林军，他们选择了刘玄担任领袖。刘玄和刘縯、刘秀一样，也是远房的旧皇家宗亲，他是在弟弟被杀之后，因聚集部下复仇而犯了法，为躲避司法追究，才加入绿林军的。刘玄参加绿林军比刘縯、刘秀早，他的地位较高，较稳定。

后来，刘玄即位，号“更始”，他是新朝末年第一个称帝的。即位后，他最为忌惮的，是同样具有刘氏宗亲身份的刘縯和刘秀，尤其是极其外向活跃的刘縯。刘縯领军攻下了宛城，这是一个重要的商业中心。刘縯立了大功，在军中声望快速上升。刘玄因感受到强烈的威胁，便找借口杀了刘縯。

刘縯被杀时，刘秀带兵在守昆阳。郾城、昆阳和定陵三座大城，因为牵涉王朝的经济命脉，成了必争之地，王莽下令发动了大反扑。按照《汉书》，也就是东汉时确立的官方版本史书的说法，当时昆阳城内的军队大约是八千人，而王莽派去围攻昆阳的却多达四十万人，两者人数达到一比五十的悬殊比例。不仅如此，王莽的军队中还有各种猛兽，以及到处征召来的杰出兵法家，《汉书》称莽军规模“车甲士马之盛，自古出师未尝有也”。

从现实条件来看，刘秀必败。昆阳被围时，刘秀大胆地只带几个部属，偷偷出城去接援军，他接回来了三千名补充兵力。快回到昆阳时，他使了一个诈术，假造了一封信。当时消息传递不易，他并不知道哥哥刘縯已经攻下了宛城，又已经被刘玄害死了。他在伪造的书信中宣称“宛下兵到”，即从宛城过来的大军已经快到了。他将这封假造的信故意留在城外，让莽军捡到，果然莽军军中传言四起，众部属惶惶然担心敌人会有大批援军随时到达。

趁敌军军心动摇，刘秀出城突袭，直入敌军帐中，袭杀了对方的大将王寻。此时，狂风暴雨大作，王莽的军队自乱阵脚，快速崩溃，昆阳得以解围。

昆阳保住了，刘秀立了大功，这对刘玄来说，却真不是个好消息。哥哥刘縯攻下了宛城，弟弟刘秀又守住了昆阳，哥哥刘縯却已经被杀了，弟弟刘秀的态度就变得格外关键。刘玄设法安抚刘秀，当然也做好了若是刘秀不服，必须快速下手，将其一并除去的准备。

刘秀的反应非常冷静，非常温驯，他甚至还就哥哥所犯的错，向刘玄谢罪。在这过程中，刘秀不曾流露出激动、难过的模样，一切维持正常。刘玄狐疑观察了一阵子，对刘秀放心后，就进一步奖赏刘秀，予以封王。刘秀用这种方式不仅保住了性命，而且保住了原有的势力。

10

王莽死后的权力斗争

昆阳之役后，王莽和刘玄的战争情势逆转，刘玄的军队快速往长安推进，很快攻入长安，杀了王莽。接着，更始皇帝刘玄在长安大封宗室和功臣，但一开始的庆祝和分赏就引发了新的问题。

最大的问题在于另外一股反王莽的势力。与绿林军相较，赤眉军在发展过程中犯了一个错误，他们没有及时察觉社会上“复高祖之业”的共识，也未曾回应这个情绪而找一个姓刘的拥有旧王朝号召力的新领袖。于是，更始皇帝成功地攻入长安后，赤眉军就只是诸多共同打天下的军队中的一支而已。更始皇帝只给了樊崇一个侯位，樊崇甚至连王位都没有。

樊崇当然不服气，自己的兵力仅次于更始皇帝的，结果那么多人封王，他却要排在他们的后面。所以，他决定继续扩张自己的势力。这回他学乖了，赤眉军也去找了一个流落在民间的汉高祖后代，名叫刘盆子，来当他们的象征性领袖。在《后汉书》里，曾经在长安即位的刘玄，正是和这个本来在放牛的刘盆子同传的。

不仅赤眉军这样想，另有方望也这样想，他扶持了刘婴当皇帝。刘婴的身份，别说比刘盆子的，甚至比刘玄或刘秀的都高，他在西汉灭亡前曾经是由汉成帝立的王。方望支持的刘婴在关中称帝，直接挑战更始皇帝的正当性，刘玄当然倾全力打击他们，方望势力不足，被消灭了。

然而接连出现了刘盆子，更有明确旧地位的刘婴，这就激发了新政权的另一波危机。“复高祖之业”是大家的共识，但哪位高祖之后应该当皇帝呢？凭什么就是刘玄？刘玄可以当皇帝，那为什么刘婴不行？作为高祖后裔，刘婴的资格显然高于刘玄的啊！

于是一时之间，连刘玄身边的人也不稳了，王匡、张卬不服反叛。刘玄好不容易消灭了王匡、张卬，此时从东方来的赤眉军已经迫近长安了。不得已，刘玄只好抽调原本负责防守东边洛阳的部队往西来协防长安。

在这段时间里，更始皇帝派刘秀到北方去，让他远离政治中心，尽量排除他的威胁。刘秀接受了这项安排，积极经营河北地区，建立起新的势力。当刘玄将洛阳的军队调走后，刘秀的机会来了，他就率军南下进占洛阳。

刘秀攻进洛阳的同时，赤眉军攻入关中，他们和更始皇帝的军队在关中混战，最后更始皇帝的军队战败，短暂的新皇帝、新政权又灰飞烟灭了。

11

旧秩序与新生命

当关中因赤眉军和更始皇帝的军队混战而大乱时，刘秀因为远离关中，而得以在东方稳固地建立了他的基础势力。至此，刘秀要更上一层楼只欠一样东西了。适时地，出现了赤伏符："刘秀发兵捕不道，四夷云集龙斗野，四七之际火为主。"在那个相信图谶的时代，做事一定要有来自上天的指示信息才行。

王莽将汉朝重新归于火德，赤伏符最重要的就是彰显刘秀与"火"的关系，"赤"是代表火的颜色，"四七之际火为主"也是火，这意味着上天要让当年 28 岁（四七二十八）的刘秀在汉高祖建立汉朝后的第 228 年时，恢复汉朝。

凭借这张赤伏符，刘秀正式称帝，年号"建武"，也就是东汉光武帝（25—57 年在位）。当时刘秀所能控制的，只有河北、河南两地，以洛阳为中心，并未统一中国。不过，他占有一大优势，那就是赤眉军和更始皇帝的军队打得两败俱伤，而且这造成关中残破。关中没有足够的粮食可以供应庞大的军队，即便是战胜了的赤眉军也必须离开关中，到别处就食。

刘秀采取的策略很简单，那就是守住从关中往东的道路，围堵赤眉军，让赤眉军出不来。赤眉军在残破的关中活不下去，势力快速萎缩的同时，就使得关中地区被破坏得更加彻底。当一切平定下来时，关中已经无法恢复了，所以刘秀只能定都于洛阳，相较于之前定都于长安的前汉，他所建立的后汉，定都于东，因此也叫作东汉。

十几年的骚乱，产生了一个对刘秀新政权有利的因素，那就是人们开始珍惜旧有的制度和秩序。为什么恢复刘姓汉朝有那么大的号召力？因为经历了王莽新朝翻天覆地的大改造，大家听到“变”就害怕，听到“新”就反感。“变”和“新”彻底失去了说服力，相对地“恢复”和“旧”便大受欢迎。

基于这样的人心倾向，刘秀建立东汉的过程，相对容易。东汉不需要像西汉一样，花费近七十年的时间寻找帝国的运作方式。东汉只要取消王莽新造的，恢复王莽之前既有的，就能得到支持，就能稳定运作了。在这个意义上，所谓两汉是明确相续的，不只是因为刘秀是刘邦的后裔这一点。从西汉到东汉，根本的帝国运作模式确实是一致的，其间王莽用激烈、戏剧性的方式试图改变这套模式，反而在王莽败亡之后，为这套模式给予了重建、维系的最大力量。

东汉没有宣称自己要创造新天新地，刚好相反，其运作的逻辑是避开“新”，将一切复旧。所以，东汉很快便取得了充分的合法性，同时获得了一定程度的改革空间，只要它别大张旗鼓弄新的，在旧制度上进行调整，相较于王莽时的激烈变动，对一般人来说都是温和的、合理的。

东汉新建，做了很多正确的事，这使得东汉王朝有了坚实的基础。但别忘了，在这个过程中，人们始终都保存着王莽留下的记忆。王莽把大家都吓坏了。王莽的新朝真的很怪，很特别。前面一段极为平顺，趁着那个时代的潮流，王莽未经流血冲突，不费一兵一卒，就从刘家人手中得到了大权，他从摄皇帝、假皇帝一路升为真皇帝。从朝代建立的平顺程度上看，在中国历史上排除传说美化的尧舜禅让，新朝应该排第一位。

但相对地，新朝建立之后和前面一个王朝的断裂程度，也在中国朝代史上排第一位。不只是西汉王朝被终结了，短时间内西汉的整套帝国秩序都被中断了，且被换上了一套截然不同的东西。正因为王莽用激烈的方式抛弃西汉制度，吊诡地，这反而使得本来已经百病丛生的西汉制度，得到了延续的机会。王莽掀起的大乱，使得人们怀念西汉，珍惜西汉，人们宁可守住、容忍原有的西汉制度，都不要王莽给的新天新地。

东汉前期就是在这样的历史氛围中发展的。所以，从光武帝开始，经明帝（57—75 年在位）、章帝（75—88 年在位）这短短几朝，东汉采取了许多正确的措施，将西汉末年的巨大问题基本解决了，依赖的就是大家对王莽仍然心有余悸的心理。其实，这也很像20世纪50年代中国大陆的情况，获得政权的中国共产党快速地改造了中国，人民充满了乐观情绪，愿意配合，原因之一就是大家都还记得国民党统治的情况，对国民党制造的混乱痛苦，仍心有余悸。

本来已经结束了的汉朝，获得了新的生命，这是一段极有意思的历史转折。

第二讲

外戚、宦官和士族的博弈

01

从周到汉的天命观念

从西汉到东汉，顾名思义，同样一个汉朝，只不过是从西边搬到了东边。不过历史事实并不是这么简单。“汉”，毕竟还是发生了重大的变化，并不单纯是国都换了个地方而已。

汉武帝时独尊儒术，将孔子和孔子的主张确立为朝廷的政治意识形态。孔子活在一个分裂、败坏的封建时代，他的梦想是阻挡分裂、败坏的趋势，恢复一个完整、不变的周朝体制。换句话说，孔子的思想是为了处理分裂处境而产生的，这在西汉时却被套用在一个大一统而且越来越集权的帝国上。

于是，有一部分为回应分裂问题而产生的孔子思想，就在西汉帝国意识形态中埋下了危险的伏笔，比如，很核心的天命信仰。孔子为什么要强调天命？因为他所处的是周天子权力下降，诸侯们不再尊重周天子，各自作为的时代，当时周天子作为天下共主，维持封建诸国秩序的功能大减，而要防止更进一步的失序，必须有可以管辖诸侯的新权威。

强调天命，突出解释了为什么即使周天子现实力量薄弱，大家还是应该尊奉、服从周天子。因为周天子拥有天命，从“翦商”之后，天命就从商移转到周，这保证、维持了周天子的共主权威。从《尚书》看得出来，周朝刚建立时，天命观念一度很重要；但一旦新政权稳定了，完整的封建制度也可以正常运作了，周朝就没有理由或必要强调天命了。只有到了正常运作明显出现问题的春秋后期，孔子才需要重新标榜天命，他希望以天命的抽象信仰，来维系摇摇欲坠的封建秩序。

天命一度存而不论，春秋后期，孔子又拿出来强调。西汉崇奉孔子，将孔子夸张地神圣化，同时将孔子的思想现实化，孔子不再是个历史人物，也不再只是作为历史榜样，而是代替汉朝接受了天命，又为汉朝先行确立制度规则的人。于是很奇怪，汉朝相当于转而将自身权力的合法性建立在孔子的身上，以及孔子所承受的天命上。

如此一来，王莽篡汉的根本途径，就是利用经学和孔子，利用大家对天命的信仰，将孔子拉到自己这边，连带地就据有孔子的天命了。如此，汉朝的合法性基础就不只是被侵蚀了，更是在来不及进行修补前，就整个被王莽转手拿走了！

02

谶纬之学与西汉、东汉交替

为了回应高涨的天命信仰，汉平帝进行了“再受命”的仪式，这意味着他重新得到天命，结果反而显示出，刘姓皇帝对天命就在自家身上一事都没有把握，更突显了天命是会转移的，而且在当时的环境下，天命是随着孔子的思想转移的。谁最像孔子，最有资格继承孔子，谁就最有机会得到天命。

王莽借此崛起，但他施行的尊古、复古措施，真是食古不化，彻底破坏了社会的运作机制，引起大乱，于是终极、至高的皇帝权威又被瓦解了，又一波抢夺终极权威的状态出现了。于是，大家不仅要用武力争胜负，还要争天命。

在这波混乱中崛起的人，谁都没有王莽那样的经学背景，有那种背景的人也无力参与战场厮杀吧？所以，天命落在谁家，主要靠图谶。图谶是一种预言的形式，图谶的力量源于汉朝各种神秘数术的发展。西汉一朝，占卜、算命、看相都很发达，由武帝朝爆发的巫蛊案也可以看得出来，祝诅、厌胜的信仰也很流行。

它们发达、流行到不仅预言自身，还习惯预言天下大势。当西汉末年社会混乱时，朝廷内进行着政治斗争，朝廷以外，民间其实也在进行着另一场斗争，各种预言蜂起，竞相吸引众人的注意与信任。在这三四十年的发展过程中，政治势力斗争和预言声望斗争，彼此纠结，各种势力必须在两个战场上都胜出，并利用两个战场所得互相加强，才能在混乱中脱颖而出。

西汉灭亡，东汉出现，是这种预言斗争自然而然的结果。不是每个人都能让别人相信自己拥有天命，混乱中，大部分人的力量是零碎的，他们一边参与一边观望，选择联盟。最好的选择是什么？是选择最有机会赢的那个人，也就是从预言上看，最有机会获得皇帝大位的人。预言有着自我实现的加强作用，越多人相信预言，就有越多人投靠过来，其声势自然就越高，如此滚雪球般地争取到更多的支持，最后它获胜，便实现了预言。

什么样的预言看起来比较可信？最好是有点现实基础的。三个预言分别说，一个乡里流氓、一个大地主和一个刘姓宗亲会成为未来的皇帝，哪个比较有说服力，能吸引更多人相信？当然是最后一个。刘姓有个巨大的优势，用今天的流行观念来说，他们是个大品牌，拥有最高的品牌辨识度。人人都知道刘家，人人都记得刘家人当皇帝的旧时代，与其他从来没听说过的人相比，他们当然能获得更多的注意与信任。

以刘家为主角的预言，容易被注意，被相信，很自然地，这类预言就会大量产生。不同来源的预言指向同一个方向，这又使得此类预言看起来更有力、更可信。

这是群众心理学，它让刘家人获得了优势，使他们容易号召人依附，当然依附的人越多，他们的声势越旺，就有更多人相信天命在他们这里。最后，天下落在刘秀手中，后汉重新恢复了火德，明确继承前汉，于是，后世历史的固定看法，就是将这四百多年看作一个完整的汉朝，只是中间出现了一点波澜，多了一个新朝的插曲。

但这样的传统看法，很容易让我们忽略造成东汉继承西汉事实的过程中，一些并非理所当然的因素。

比如"五德终始说"在其中所发挥的作用。在光武帝刘秀统一的过程中，他最后降伏的人是公孙述。公孙述不肯轻易降伏，坚持那么久，那是因为他手中也有一份谶，上面写着"八厶子系，十二为期"，前面四个字拼起来就是"公孙"，后面四个字则是天命显现的明确预言，即汉朝一共有过十二个皇帝，然后其天命就到期了，刘家人完了，应该换成公孙家的人上台。

为了打败公孙述，刘秀除了使用军事武力外，也动用了心理战。他派人到公孙述统辖的地区散布关于"八厶子系，十二为期"的"正解"：预言说的是公孙家只有十二年的期限，十二年到了，公孙家注定要向新的皇帝投降。于是双方斗争的重点就转向这十二年该从何时算起了。

这样的预言战争，包括如何解释既有的预言，是当时政治势力消长变化的关键，不容轻忽。

再看东汉初期的两件牵涉皇室宗族的大案，一件的主角是刘荆，另一件的主角是刘英。刘荆是汉明帝的弟弟，刘英是楚王，他们都是皇室核心成员。楚王刘英在历史上有重要而明确的地位，他是历史记录中第一个接近佛教、信奉佛教的人。刘荆呢？史书上说，他身边围绕着许多占卜、算命之士。先不说他们两人被控叛乱终至自杀的经过细节，仅是他们和这些数术之士密切交往，成为远近所知的消息，其实就已经给他们埋下了危险的种子。在那个时代，人们是不能随便算命，随便探求预言的。从皇帝和朝廷的角度看，他们身边聚集这些人要干吗？为什么他们积极地想要知道未来？这便是野心的显露，也必然是对皇帝和朝廷的威胁。图谶、预言和算命等，这些可不是我们今天认为的迷信，在那个时代，它们都是很有力的政治武器。

03

定都洛阳与西北局势大变

从西汉到东汉，国都由西边的长安搬到了东边的洛阳，这有两个重要的理由：第一，刘秀起自南阳，洛阳靠近他起家的根据地；第二，因为新莽大乱，赤眉、绿林多方军队进入关中混战，造成关中残破，长安周围的经济生产被严重破坏，无法供给这个大都市之所需。而国都从西边搬到东边，也带来了连环变化。

首先受到影响的是西北的防卫布局。东汉建立之初，西北方的匈奴内部也发生了大变化。汉武帝以来，汉帝国的反复攻击，让匈奴内部政治局势长期不稳，至此时，匈奴正式分裂为北匈奴和南匈奴。于是，本来激烈敌对的汉帝国和匈奴，面临着全新的局势。汉帝国由西向东移，拉开了与匈奴之间的距离；匈奴因内乱而分裂，南方这支势力要与北方抗衡，很自然的选择便是亲近汉朝，倚赖汉朝的协助。

双方条件都变动的背景下，汉朝接受了与南匈奴联盟的提议（48 年），光武帝将今天的河北西北部到内蒙古的这一带草原，让给南匈奴居住。于是，南匈奴集体南迁，和汉朝更加接近。

南匈奴和汉朝结盟的目的是壮大自己，以便攻打北匈奴，毕竟北匈奴据有匈奴原有的地盘。但这时东汉新立，刚刚结束了一二十年的战乱，现实条件方面不足以支持南匈奴北征。于是，这件事就只能先放着，放了好一段时间，在和帝（88—105 年在位）时，东汉才由当时的大将军窦宪领军，与南匈奴并肩出兵，打败了北匈奴，彻底瓦解了北匈奴的部落组织。

如果在光武帝时，东汉和南匈奴便联军攻克北匈奴，那么可以预见新统一的这个匈奴王朝，一定会与东汉亲善，双方可以维持相当长时间的和平。然而，攻打北匈奴的事晚了将近五十年才进行，情况可就不一样了。

窦宪出兵之时，南匈奴进入鄂尔多斯草原定居已有半个世纪，相当于两代人在这里长期生活，这时大漠对他们而言，意义已经改变了。窦宪出征，不再是汉朝配合、协助南匈奴打北匈奴，而是南匈奴配合、协助汉朝打北匈奴。南匈奴已经不想统一北廷，回到大漠去了。

北匈奴被击溃，其残部向西移动，但南匈奴还是回来继续住在鄂尔多斯草原上。于是，新的游牧民族从东边进入北匈奴空出来的区域，这些民族中最有名的是鲜卑。

这是历时长远的连锁反应。南北匈奴分裂，南匈奴南下，联合汉朝的力量打败了北匈奴，但南匈奴没有回到匈奴故地，这块空出来的区域就吸引了其他民族进入。总体来看，草原民族南下到鄂尔多斯草原，另外北方开始大迁移，过去不曾和中原王朝产生关联的新民族出现在汉朝边境上，这也就是后来所谓“五胡乱华”的前兆，这些“胡”大多是在上述连锁变化中，进入中国历史的。

按照《后汉书》的记录及后人的注释，从公元2年到140年，关中以北的西北地区，人口减少到约原有人口的三成。这意味着汉武帝以其雄才大略大幅前推的屯戍农耕线，自从汉朝政治中心由西向东后，大幅地失守、退却了。一度被汉武帝推到草原的农耕民族与游牧民族的分界线，在东汉时又退到了草原南侧。

不仅如此，从西北地区南撤的农业人口，先进入关中，但战乱之余，残破的关中怎么可能供应增加的人口？他们只好进一步和其他关中的游民，再往南，进入四川盆地，甚至继续往云南迁移。如此刺激产生的庞大连环迁移，有两个历史意义。

第一是西汉时期因民族关系紧张产生的冲突，主要发生在西北地区，尤其是汉与匈奴之间的关系，到了东汉，这种紧张冲突便转移到南方地区了，汉人与羌族的关系变成了大问题。

羌族其实不是一个单一的民族，而是中国本位史料记载中对西南非汉族族群的统称。连锁移民变化使得汉人在西南的人口增加，他们拓展、占领土地，当然就与西南原住民发生了冲突，于是，羌族在东汉史料中出现的频率快速增加。

第二个更重要的意义，在于这种迁移开启了中国文明重心南移的长远变化趋势。钱穆先生在《国史大纲》中提出的精彩论点之一，就是提醒我们注意两千年来中国文明重心的持续变化。中国文明的重心从黄河河套地区开端，到两千多年后的清朝末年，无论是经济生产数据，还是科举考试登榜名单，抑或是革命人士的籍贯分布，方方面面都显示中国文明、中国社会经济的重心已经转移至长江以南到珠江流域地区了。

而中国文明重心南移的起始点，就是东汉。从表面上看，政治中心从西边移向东边，但在各项因素的综合作用下，另一个人口移动的潮流，是由北而南。东汉的人口分布状况，明显与西汉的不一样了。

04

东汉皇后的背景非常深

东汉光武帝即位后，曾经针对皇宫内部，也就是通称的后宫进行了改革。西汉末年，皇帝的后宫很复杂，后宫女子在皇后以下，一共分成十四个等级。光武帝大笔一挥，将十四个等级简化为四种：贵人、美人、宫人、采女。然后，他又将后宫的选拔清晰地制度化，即每年八月，各地将“入屏”的候选人送来。“入屏”的候选人有一定的基本条件，比如必须是处女、身世清白、面容姣好等。各地先将“入屏”的候选人分成九等，她们被送到宫中之后，再按照一定程序确定评等。

虽然后宫等级简化了，但因为选拔方式制度化，结果送进宫的女子，其实比西汉时多。多到什么程度呢？到东汉末年，冲帝、质帝时，送进宫的女子多达六千人。

理论上，皇后就是从这么庞大的后宫中选出来的。但只要看一个简单的数据，我们就知道理论与事实有很大的差距。东汉共有十三个州，后宫女子分别来自十三个州，别说六千分之一，只按一成的比例来算，每个皇帝从六百个女子中选出一个皇后，出现连续两个皇后来自同一个州的概率是多大？再算一下，皇后不仅来自同一个州，而且还同姓的概率又有多大？

事实是，东汉末年大乱之前，东汉一共出了十三个皇后，分别是两个梁皇后、两个阴皇后、两个窦皇后、两个邓皇后、一个郭皇后、一个宋皇后、一个马皇后、一个阎皇后、一个何皇后，梁、阴、窦、邓四个姓分别出现了两个皇后，这够奇怪吧？再看，东汉这十三个皇后，其中有八个没有生小孩！

这是怎么回事？如果按照我们设想的，皇帝挑选他最喜爱的女人，封她为皇后，怎么会那么刚好，前后几任皇帝挑的都是同姓，有时甚至是同一家的女人？而且东汉的皇帝怎么那么会挑，总是挑到不会生育的女人来当皇后？有五分之三的皇后没有生出子嗣来，这不生育的比例也太高了吧！

让我们仔细看一下这十三位皇后的来历。先从光武帝的阴皇后阴丽华开始吧。阴丽华很有名，据说光武帝少年时的一大志愿就是“娶妻当娶阴丽华”，她是远近驰名的大美女。难道她是因此而被立为皇后的吗？事实应该没这么简单。

在立阴丽华为皇后之前，光武帝就有一个即位前的妻子郭皇后，郭皇后来自北方大族。新莽末年乱局中，娶郭氏对刘秀大有帮助。刘秀自己是南阳人，身边另有很多颍川人，于是大家将他视为南阳、颍川的地方势力。娶了郭氏，能让他摆脱地方势力的限制，吸引北方大姓的依附。

光武帝新立阴皇后，必须先废郭皇后，但因为有这层政治考量，他虽废郭皇后，却没有废嫡，仍然以郭皇后的儿子为太子，而且善待郭皇后。换句话说，被废了的郭皇后没有真正失宠，光武帝仍然以此来维系自己与北方大姓之间的关系。

阴家和邓家都是南阳大姓，两家一共出了四位皇后，和帝与质帝都有一位皇后姓邓。东汉还有两个窦皇后，她们都是窦融的后辈，而窦融是东汉初年河西的大军阀，光武帝即位后，他甚至盘踞河西长达九年，后向光武帝投降，这对光武帝最终统一全国大有帮助。西北还有梁家，顺帝和桓帝都有一个皇后来自这一家，梁家也是西北大族。

弄清楚这些皇后的出身，再加上她们之中五分之三没有子嗣的事实，我们就能理解：不能简单地将东汉的皇后看作皇帝的妻子。皇后和皇帝之间，不是普通的私人关系，而是更强烈的政治关系。皇后根本就不属于皇帝的后宫。后宫几百人几千人怎么选，这都和选皇后无关。一来，皇后不是从后宫中选出来的；二来，也是更重要的，不像后宫女子，皇后不是以皇帝的私人欲望为标准选的。

05

西汉、东汉政治的根本差异

皇后的角色和作用，让我们看到了西汉与东汉在政治上的根本差异。西汉的实际统治者是刘家，虽然西汉初期有吕后，后期有几位太后或太皇太后掌权，但那是一时的变化，绝非制度性的安排。东汉的情况就不再是这样了，虽然都是“汉”，但东汉的实际统治结构，变成了大姓共治。

皇帝还姓刘，但从光武帝开始，刘姓皇帝必须确保几个大姓的支持、合作，才能坐稳皇帝位子，而且产生了种种固定的机制，以联系、团结大姓势力。在这个过程中，皇后就从皇帝的妻子，转型成为刘姓与其他大姓共享权力的手段。

几个大姓借由决定皇后角色，支配皇后，以确保各自的权力和地位。东汉一共立过六个大将军，他们是朝廷破格提拔的最有权力的人，其权力足以与皇帝分庭抗礼。前面提到出过两个皇后的窦家和梁家各有两位大将军，还有一位是邓姓，也出自前面提到的大族，只有一位杜姓的大将军不属这五大姓。这绝不是偶然，也不能以单纯的外戚势力来解释。

应该这样说，西汉的外戚真的是外戚，他们因为嫁入宫中的女儿被皇帝宠爱成为皇后，所以获得了介入政治的权力通道。东汉的外戚则是在成为外戚之前，就已经具备了和刘姓共治的大姓身份，没有这种身份，不可能成为外戚，皇帝没有在这些大姓成员之外选择皇后的自由。皇后是他们将既有的共治关系制度化的手段，谁家女儿当了皇后，谁家的男性就能够理所当然地以外戚身份，或以大将军的地位，直接参与统治。

刘家仍然据有最大的、最核心的权力，这些大姓中任何一家都不足以与刘家相比，但刘家皇帝必须在大姓共同形成的结构中行使其权力，这个结构高于、强于任何一位刘家皇帝的主观意志。光武帝的重要贡献，就在于他运用人际技巧，建立了这样一个新的政治体系，快速地平息了大姓之间的矛盾，避免了新的朝代成立之初，各方势力持续冲突打杀的局面。

从此，东汉的皇后就成了公共性、政治性的角色，她们的主要作用不是为皇帝生小孩。皇帝私下喜欢哪个女人，对哪个女人更有欲望，和选择哪个皇后不是一回事，这二者是分隔开的。这或许就是东汉皇后生育率奇低的关键原因。

因为大部分皇后都没有生育，而皇帝生前就要立太子，尤其是皇帝死后要立新的皇帝，所以皇后、皇太后就成了关键角色。一般来说，皇后会选和自己有亲近关系的嫔妃所生的小孩做皇帝。不过东汉也有更特殊、更极端的情况，比如章帝之后，和帝、殇帝和安帝，出现了一连串的即位问题。然而，不论情况如何，也不论哪个皇太后掌权，她们毕竟都还是从刘氏的宗室子弟中找皇帝人选，皇帝的位子不可能由其他大姓取而代之。

在共治体系中，大家对刘姓的地位有高度共识，大姓们的权力斗争，始终以刘家人当皇帝为前提。不过，在这种情况下产生的东汉皇帝，不可能有太好的训练和准备，他们真正上台了，也就不能发挥强力的统治作用，只能保住分治的象征性地位，也就是说，他们的作用主要是维持大姓之间的权力平衡。这个共治关系中不能没有刘家，不能没有刘家的皇帝，大家都认为应该将皇帝位子留给刘家人，其他人去争取皇帝以外的权力。而刘家皇帝当然可以有所偏爱，拉这个打那个，所以，窦家倒过，梁家倒过，但刘家一直都在。

这时，大姓的此消彼长，都还是看皇帝的态度，不过这也取决于皇帝在位的时间长短和皇帝的年纪大小。皇帝死了，皇后就升为皇太后，有了选择下一任皇帝的权力。西汉有皇太后，东汉也有皇太后，但她们在政治上的作用大不相同。东汉的皇后几乎必定出自大姓，她们的背后本来就有家族的巨大力量，皇后、皇太后的外戚，不过就是将既有的家族力量在帝国政治中建制化而已。

西汉的皇帝可以预先排除外戚的因素，就像武帝临终前所做的那样，但东汉的皇帝就不可能排除外戚了，因为他们的皇帝位子根本就是夹在外戚之间的。

06

世家大姓的兴起是东汉一大特色

世家大姓获得了中央政治权力后，更进一步影响了东汉的社会运作。东汉历史的基本发展，从政治到社会，就是世家大姓越来越重要。只是世家大姓的性质，到东汉中期之后，有了明显的变化。那就是“累世经学”的出现，也就是，世家大姓除了继续拥有原本的土地资源外，更增添了在知识与真理上的特殊地位。

回顾前面的内容，西汉末年王莽之所以快速崛起，是因为当时社会出现了严重的问题，其中之一便是土地兼并。地主，尤其是大地主的势力快速扩展，小民纷纷沦为佃和奴。经过了新莽一朝的骚乱，这个问题在东汉并没有得到真正的解决。从光武帝到明帝、章帝，东汉前三位皇帝回归西汉建立之初的政策，模仿文景之治，省赋敛，与民休息。然而这种相对被动的政治风格，不可能抑制土地兼并，更不可能削弱既有的豪族大地主。

豪族大地主并未没落，势力更未减少，反而在握有势力久了之后，变成了“世家”。“世家”意味着他们不再是新贵，不再是暴发户，他们拥有大笔土地的时日久远了，别人都不记得他们在成为大地主之前的状态了。大家不仅接受了他们的大地主角色，而且必须给予他们一定程度的尊重。换句话说，他们不仅财富积累增加了，现在还积累了声望和地位。

“世家”比单纯的豪族大地主垄断了更多的社会资源。他们掌握了土地资本，又进一步掌握了社会声望资本，后来，他们更进一步，将土地资本、社会声望资本转化为商业资本。他们可以自由往来于各种不同资本之间，从而拉大自己与小民之间的距离，甚至使二者达到彻底隔绝的程度。

魏晋南北朝发展出的门第观念和制度，其实是植根于东汉的。如果执着于看汉朝，我们很容易将西汉和东汉等同视之，特别是只看到两汉的相同之处，但换一个眼光，意识到东汉与西汉的相异之处，我们竟能看到从东汉到魏晋南北朝一脉相承、持续发展的现象。

从社会结构、资源分配、贫富差距的角度看，从东汉到魏晋南北朝，历史并没有出现断裂式的巨大差异。过去，我们太过关注北方少数民族进入中原后带来的分裂局面，这种印象根深蒂固。其实这些在魏晋南北朝时期被放大了的门第现象，只能回溯到东汉，东汉之前的西汉并未有类似的结构，这更清楚地显示出西汉与东汉之间存在着不完全连续的关键变化。

07

不懂外戚，就没法懂得东汉政治史

哲学家维特根斯坦曾经提出过一个简单却重要的逻辑学概念，叫作“家族相似性”（family resemblance）。维特根斯坦的这个逻辑概念，从我们对家族成员的对比开始。我们看一个家族的人，祖父、祖母、叔叔、伯伯、姑姑、父亲、母亲、哥哥、弟弟、姐姐、妹妹、堂兄弟和堂姐妹、表兄弟和表姐妹等，几十个人，他们看起来都长得有点像。于是，我们看着看着，就很容易产生一种错觉，感觉这几十个人的长相都来自一个家族相貌的原型，感觉他们都是从一个模子里捏出来的，只是这个人鼻子塌一点，那个人眼睛大一点，还有的头大一点或脸胖一点……

借此，维特根斯坦提醒我们：遇到了相似性现象时，我们往往未经检验地假设，相似的现象都来自一个原型，并且试着从这些相似间找到原型，以原型来概括所有的相似现象。

然而，事实并非如此，或者说不能用这种方式掌握事实。家族相似性不是因为大家都源自一个中心的原型，比如父亲和儿子在某些地方像，哥哥和妹妹在某些地方像，妹妹和她的女儿在某些地方像等，而是存在于两个个体之间，是个别相似的连续所形成的现象。但整个家族显现出来的各种不像的、异质的地方，毕竟比相似的地方多，且多到不可能找出一个原型。

这个概念对我们理解中国历史大有帮助。过去学中国历史的方式，经常要求人首先相信有一种典型的中国人、典型的中国文化贯穿在历史中。于是，我们学历史的重点，就是找到这个原型，这就连带产生两种倾向：一种是努力去描述什么是中国人，什么是中国文化；另一种则是相信，一旦找到了中国人和中国文化的定义，就可以将庞大的历史材料放到一边，置之不理了。

历史知识不是这样的，历史的实情比较接近家族相似性这个逻辑学概念。前面一个时代和后面接下来的时代有很多共同之处，第二个时代又和接下来的第三个时代有很多共同之处……如此，我们看到每个连续的时代都有类似之处，就能从中找到一种本质性的中国人或中国文化吗？不能。从第一个时代到第二个时代，有不变的、共同的，却也有改变的、不同的地方；第三个时代又在继承第二个时代的情况下，产生了第二个时代没有而且第一个时代也没有的新特征。如此一个又一个时代积累下来，有多少是从头到尾都不变进而可以拿来当作本质、原型的呢？它们又怎么能维持这么久呢？

历史学要做的，不是取消这种长时段的时间变化，让大家以为能找到一个本质、原型的中国、中国人和中国文化，而是诚实地面对史料，耐心地建立起所有的变化环节，认真记录、分析从这朝到那朝，从这环到那环的过程中，到底什么变了，什么没有变。变与不变都是历史，不能偏废，因此我们不能假装看不到变，将变的部分忽视，刻意强调不变的部分。

东汉政治史最大的主题，是外戚和宦官，甚至可以说，如果去掉了外戚和宦官，就无从讲东汉王朝政治史了。单纯从名称和角色上看，东汉的外戚、宦官和西汉的是相同的，但仔细看二者内在的实际运作，我们又看到了两汉之间的绝对差异。

围绕皇后、皇太后而产生的外戚，在东汉成了大姓介入政治的建制化通道。明帝的皇后是马援的女儿，马援是和光武帝一起打天下的大人物。汉明帝找人画功臣图，以表彰在王朝建立过程中的功臣，画完成了，立即引来惊讶反应：上面竟然没有马援？怎么可能没有马援！

这是汉明帝的统治手段。他故意将马援从功臣图中除名，裁抑马援，但又选马家的女儿当皇后，作为补偿。明帝去世之后，章帝即位，马皇后就升为马太后了。这位皇太后很了解大姓共治的权力运作，所以她刻意限制马姓亲族，避免引来其他大姓的误会和不满，不让他们以为马家要垄断权力，防止其他大姓联合起来与马家为敌。

章帝的皇后来自窦家，当时窦家最有权力的人是窦宪。窦家在取得外戚身份之后，可就不像马家那么节制了。窦宪甚至侵夺了沁水公主的园田。沁水公主是谁？沁水公主是刘家人，是刘姓宗室，窦宪敢侵夺沁水公主的园田，公主不能把他怎么样，章帝也没把他怎么样。

章帝死后，窦皇后升为窦太后，窦宪更嚣张了。因为窦太后信任都乡侯刘畅，窦宪不满，直接就杀了这位有侯位的皇室宗亲，然后将之嫁祸给利侯刘刚，顺便又除掉另一位皇室宗亲。

这种事在西汉是不可想象的。西汉时，刘家仍然是皇权的中心，外戚权力来自皇后或皇太后，外戚怎么能和自家皇太后作对，又怎么能在没有激烈政治斗争的情况下，就除掉两个刘姓宗亲？

08

皇权衰弱与外戚、宦官轮流掌权

公元 88 年，10 岁的和帝即位。四年之后（92 年），和帝联合宦官郑众，反扑、攻击窦宪，逼迫窦宪“就国”，离开洛阳，之后又逼他自杀。这样的事，也就是皇帝年幼时皇太后与外戚专擅，皇帝长大了要亲政，就凭借宦官力量从外戚手中将权力夺回，我们在西汉的历史中曾看到过。这种历史现象就是“家族相似性”，但在表面的相似之外，有些新的特征出现。

公元 105 年，和帝驾崩，朝廷要立新的皇帝。和帝的皇后是邓皇后，她是另一个开国功臣邓禹的孙女。邓皇后自己没有生育，在和帝留下来的两个儿子中，她决定“舍长立幼”，选择了后来被称为殇帝的那个儿子做皇帝。

从上述过程中，我们看到了东汉和西汉的两个差异。第一，西汉的皇帝要与外戚斗争，除了宫中最亲近的宦官之外，他能够信赖的，还有自家的刘姓宗亲。然而在东汉，刘姓宗亲的力量从皇权斗争中出局了。皇帝的叔伯兄弟等人，已经持续被压抑、被削弱到没有影响力了。少了刘姓宗室这股力量，东汉皇帝就不得不更依赖宦官。

第二，西汉外戚的力量，很大一部分取决于宫中皇后或皇太后与皇帝的关系。这相当于皇后或皇太后从皇帝那里获得权力后，将之转交给自家父兄来行使。东汉的外戚少了这层考虑，他们本身就是大姓，且长久以来形成了对刘家的牵制，因而当然比西汉的外戚更独立，也更强悍。

东汉的宦官比西汉的强大，东汉的外戚也比西汉的强大，二者挟持之下，东汉的皇帝既幼弱又可怜，发展到后来，皇帝基本上被架空了。和帝死后，邓太后“舍长立幼”，就是故意选了年纪小、身体差的后嗣当皇帝，皇帝没有能力行使任何权力，只能由邓太后临朝掌政，而且没多久，新立的皇帝就死了，小皇帝还没长大便殁了，所以他的谥号为“殇”。

公元106年，即位一年的殇帝死了，东汉朝廷又立了安帝，他仍然是邓太后选的。邓太后早就预见殇帝活不久，她从刘氏宗亲中积极物色，找了她觉得最乖、最听话的一个，将之留在宫中，早做了准备，殇帝一死，她就安排安帝即位。

安帝年龄较大，所以他即位三年后（109年），大臣杜根便上奏，建议皇帝亲政。奏书一上，邓太后便“令盛以缣囊，于殿上扑杀之”，邓太后命人直接用布袋包住杜根，要在殿上把他活活打死。

清 焦秉贞《历朝贤后故事图》之《和熹邓绥戒饬宗族图》

执法的人私下告诉行刑的人打的时候不要太用力，打完就把杜根送出城，杜根装死得以逃过一劫。

这种事也不可能发生在西汉。杜根做什么了？他不过就是为皇帝说了句话而已，认为皇帝应该当个真皇帝了，如此就引来邓太后“令盛以缣囊，于殿上扑杀之”的反应！在东汉的皇后、皇太后中，邓太后还不是以跋扈出名的，她的反应清楚显现出，这时的皇权已经空洞化了，朝廷的实际权力不在皇帝身上，皇帝根本无法发挥实际作用。

朝廷的实际权力有时在外戚手里，有时在宦官手里。西汉时，皇帝和宦官的关系，源自皇帝为了对付外戚而拉拢宦官，主动权在皇帝；但到了东汉中期以后，情况反过来了，主动的往往是宦官，宦官挟持皇帝来保护或增加自身的权力。

皇权空洞化后，东汉的政治就陷入固定的轮转中。当皇太后在位时，外戚是政权实际的主人；当皇太后去世，皇后还没升级为皇太后时，表面上外戚势力消退了，但也仍然不是皇帝做主，而是宦官当政。等到皇帝死了，皇太后及其背后的外戚想要掌权，一定先对付宦官。而宦官为了保护自己，对抗外戚，必然更牢牢地抓住仍然是至高权力象征的皇帝。

几朝这样轮转下来，一个新的变量出现了。宦官在内朝，直到顺帝之前，宦官势力都出不了宫门，他们只能依靠皇帝。但外戚就比宦官灵活，他们可内可外。有皇太后可以依恃时，他们当然靠皇太后；没有皇太后时，他们就转而拉拢外朝的力量。

也是从邓太后开始，她和后来的外戚势力，刻意笼络士人，表彰儒学，有意识地将外朝的力量拉拢过来，使其成为外戚与宦官斗争中的另一股力量。

09

士族的兴起与清议挑战既有格局

东汉时期的外朝，也和西汉时的大不相同了，其中最大的变化，在于士族的兴起。

什么是士族？士族的形成与经学、太学有关。不过，从东汉政治势力的结构来看，士族兴起的重大意义在于，他们是外朝政治力量的一种新的集结方式。

从西汉到东汉，大姓、宗族、豪强势力越来越大，原先在西汉时还被视为严重社会问题的土地兼并，在东汉逐渐变得理所当然。于是，身份和财富紧密相连，阶层流动越来越慢，几个大姓永远都是大姓，他们的土地只会越来越多，他们家的财富也只会越积累越多。相应地，地方上其他人的出路就被堵住了。

东汉中期以后，朝廷延续着表彰儒学的政策，这使地方几近停滞的阶层流动，有了新的发展。表彰儒学的实际作用便是突显儒师，于是，部分儒师便能借由所得到的尊崇，向上流动。学习儒学，尤其是到京师进太学学习儒学，就成了许多地方人士仅有的向上通道。因而在太学，在一些有名的儒师或官员身边，便集结了一群人，从弟子到门生到宾客都有，他们就是东汉的士族。这是一种新的群体集结方式。

他们为什么走上这条路？因为他们清楚地看到社会上有许多有形或无形的资源，都被控制在大姓豪族手中，这些资源对自己是封闭的，仅剩儒学开的一小扇门，让他们有机会参与分享庞大的资源。他们不集结，就彻底没有机会了，不过，就算他们集结了，要获得资源，相较于眼前的大姓豪族，仍然极度困难。

这种处境使得这个集团产生了不满和不安的性格。形成集团的主要力量，是士族对现实僵化的社会关系的反击；表现集团团结意识的方法，就是清议。清议的本质，用《后汉书》的描述，就是“品核公卿，裁量执政”，即大家聚在一起，评论一些有权力的人，看他们谁是好人，谁的品德有缺；看他们谁做得比较好，谁做得比较差。

“裁量执政”和“品核公卿”稍有不同。“裁量执政”是针对事，以事为对象来评量；“品核公卿”可就是直接针对人了，看哪个人人品比较好或不好。清议从批评时政开始，逐渐就将重点转移到人物评论上了，进而发展出越来越细密也越来越流行的品评人品、区分等级的标准和说辞。这实际上就是在既有的社会阶层高低之外，新创的一种不一样的价值结构。清议不用也不接受既有的地位、财富标准，是一种以人品论断阶层高低的新主张。

清议的形成，清楚地反映了士族对当时社会地位、资源、财富僵化情况的抗拒。无法在这套僵化制度中往上流动的人，还有动不了这套制度的人，他们联合在一起，自创新的阶层观念，发展出自己的价值标准，以对抗原有的价值标准。有田宅，有高位，便了不起吗？不，在士族眼中，谁的人品低下，他们便可以瞧不起谁。这就是清议背后主要的心理反应模式。

他们用清议来表达对主流社会价值的反叛，进而重建社会价值。他们拒绝接受已经固定的他们进不去的那个社会层级，而是自成一个圈子，在这个圈子内实践社会品级的重新评定。如此，清议便对既有的社会阶层形成了挑战，也刻意与既有的社会价值相对抗。

10

外戚、宦官和外朝士族的三方争斗

只是建议安帝亲政，杜根就差点被邓太后当廷打死，可想而知，必须等到邓太后归天，安帝才能有亲政的机会。安帝亲政后，邓氏外戚收敛，宦官势力抬头了。公元 125 年，安帝驾崩，原来的阎皇后升为阎太后。阎太后挟着背后阎氏外戚的力量，选了只有八岁的少帝，接下来必然要整肃宦官。大权落入阎太后和阎家外戚的手中。

但少帝立了没多久就死了，于是朝廷又要选一个新的皇帝。就在此时，东汉发生了过去未曾出现的新鲜事，在阎太后选定新皇帝之前，宦官们就在中常侍孙程的领导下，先立了一个皇帝。

这可不是皇帝联合宦官来斗外戚了，而是宦官索性拥立自己想要的皇帝，来斗外戚了。宦官所立的皇帝就是顺帝，既然皇帝是宦官立的，这时就轮到原来的外戚倒霉了，阎太后的哥哥阎显被抓，阎家势力快速跌落，虽然有阎太后在，但阎太后和外戚都被宦官阻挡，失去了大权。

公元129年，宦官拥立的顺帝下了一道诏书，这改变了宦官的权力空间。诏书说，“宦官养子悉听得为后，袭封爵，定著乎令”，也就是从此时开始，宦官可以有养子，也可以将他获得的身份地位，由养子继承。以前宦官可以封爵，但因为宦官无后，他的爵位不可能世袭，只能及身而终，他也就无从积累爵位带来的财富和影响力。

但顺帝下诏后，情况彻底改变了。宦官可以养子，而且因为孩子是收养的，所以能保证收养的一定是男孩，男孩不仅可以继承爵位，又不必被限制在宫中。宦官养子一定在宫外，宦官原本被限制在宫中的势力，这下子就能扩展到宫外了。

此事非同小可。这相当于让宦官的势力也家族化了，他们不再是只有依附于皇帝才能获得权力，而是可以培养自己权力基础的人了。另外，宦官的势力借养子从宫中进到社会，不再局限于内朝，他们也就必然与外朝产生新的关系，不过更多的是新的冲突。

原本外朝官员和内朝宦官几乎全然无涉，一个进不去，一个出不来，不管是合作还是对抗都不可能。能进又能出的，只有外戚。所以在政治斗争中，外朝的进退仅止于要不要和外戚合作，就算遇到宦官当权时，外朝官员也只对皇帝负责，不会和宦官有直接的权力或利益关系。

顺帝之后，新的冲突出现了，这使得东汉的政局更加动荡。

宦官的势力延伸到了宫外，到了地方，与围绕外朝形成的清流，在价值观上产生了直接的冲突。

顺帝朝宦官势力高涨，唯一能制衡宦官的是梁皇后。梁皇后的哥哥叫梁商，他施行策略，拉拢外朝，通过外朝与宦官对抗。他拉拢的主要对象是陈蕃，陈蕃及其宾客、门生与梁商结盟，这使得外戚的力量更大了。不过，他们改变不了根本的权力态势，那就是顺帝是由宦官拥立的，在与皇帝的关系亲近上，他们比不上宦官。

梁商比顺帝死得早，他经营的势力由他儿子梁冀继承了。公元 144 年，顺帝去世，梁皇后升为梁太后，风水轮流转，掌控权力的机会又到了外戚这边。

11

权倾朝野的跋扈将军梁冀

顺帝死后，梁冀协助姑姑梁太后立了八岁的质帝。梁冀的个性与父亲梁商很不一样。梁商低调，在幕后厚植人际关系，他得到外朝清流人士的信任；梁冀却高调、嚣张。梁冀的嚣张跋扈，天下人都知道，就连八岁的小皇帝也感觉得到，还给他起了一个外号——“跋扈将军”。

“跋扈将军”受不了小皇帝这样叫他，一怒之下就将质帝毒杀了。东汉皇权空洞化的程度又到了一个高峰，皇帝连保护自己生命的能力都没有了。一个皇帝死了，接着该谁即位？梁冀属意立蠡吾侯，因为他将自己的妹妹嫁给了蠡吾侯，若蠡吾侯即位，梁家就又能稳占下一个皇后位子。然而梁商拉拢、结盟的外朝士族领袖李固却坚持立清河王。

选择清河王，符合清议的标准。清河王年长，已经有了一定的令誉，而且和蠡吾侯相比，他还有一个非常明显的优势：他是王，而另一位只是侯，在宗族的亲疏上，清河王的地位比蠡吾侯高得多。

但梁冀不让步，于是就在立新皇帝这件事上，两边弄僵了，梁商建立起的联盟破裂了。和陈蕃、李固的清议派分裂后，梁冀就去找司徒胡广，他是外朝中不属于清议派的人士。因而，围绕着立新皇帝，外朝也节外生枝，这导致外朝公开分裂。李固这派对胡广那派发动了严厉的批判，胡广那派也高声反击，在当时的风气下，双方的攻讦都是对人不对事，都用尖刻的言语指责对方的人格，这就让冲突更加激烈，难以收拾。

原本的外戚、宦官、士族的三角关系，此时变得更复杂了。部分士族与外戚合作，另一部分士族反对外戚，士族之间彼此对立，而宦官的影响力又借由养子而快速蔓延到宫外，和部分士族产生了利害冲突，但同时也就有机会拉拢另一部分士族力量。多方的合纵连横混乱交错，东汉的政局便随之每况愈下，不堪闻问了。

梁冀拉拢了胡广，成功地立蠡吾侯为皇帝，即桓帝，梁冀的妹妹就成了新的皇后。梁家掌握了皇太后、皇后两个关键位子，这个过程又造成了外朝的分裂，在一段时间里，梁冀几乎掌控了所有的权力。这样的情况如果晚一百年，比如说出现在魏晋南北朝时期，那么汉朝根本就不会继续存在了，梁冀一定会推翻刘家皇帝，建立自己的新朝代。

可以这样说，其实南北朝时期那种朝代快速更替的情况，这时候就已经出现了。只是汉朝残余的皇权制度，仍然有一点表面上的作用，让即便像梁冀如此有权力、如此跋扈的人，都还是觉得不能顺理成章地建立自己的新朝代。但如果从事实而不是从名义上看，梁冀当政的时候，刘姓皇帝根本没有任何作用，整个政局其实处在一个变相的“梁朝”里，也就是说，桓帝名义上具有的皇权已经彻底空洞化了，真正在行使皇帝权力的，不是桓帝，而是梁冀。

12

皇后不只是皇后，皇太后也不只是皇太后

受到清议品评“月旦”的影响，后世史书对梁冀当然没有太多好话。《后汉书·梁冀传》不仅记录了梁冀的种种恶行，还特别突显了他的妻子孙寿。

其中一段记载：梁冀的父亲梁商，曾经送一个美人友通期进宫服侍顺帝，友通期犯了过错，被送回梁家。梁商不敢让友通期留在家里，积极安排她出嫁。然而，梁冀喜欢上了友通期，竟然让他手下的人将嫁了人的友通期抢回来。梁商去世后，梁冀守丧，不能与妻子孙寿同房，梁冀就借机去城西和友通期住在一起。事情被孙寿知道了，她趁着梁冀回家的时候，派人“调教”友通期一顿，对她又是打，又是刮脸毁容。孙寿闹了好大一场，梁冀最后不得不去求岳母出面，才算平息了家乱。

但事过之后，梁冀仍然和友通期私通，他们还生下一个儿子。这事又没躲过孙寿的耳目，孙寿派人杀了友通期，梁冀只好将私生子到处藏匿，儿子才没一同被害。

孙寿如此激烈地对待梁冀私通一事，但她自己也有私通的对象。她喜欢一个叫秦宫的监奴，秦宫本来是家中的下人，因得宠竟然官至太仓令。秦宫经常进出孙寿住的地方，他一来，孙寿就将旁边的人支开，说有重要的事要谈，实际上他们是秘密私通。

孙寿住的地方，也大有来头。梁冀大张旗鼓建造豪华宫室，他妻子孙寿就在对面也不甘示弱地建了一幢豪华宫室。一对夫妻，两个人建两幢宫室也就算了，更夸张的是，他们彼此竞争，比谁建得更奢侈，更华丽。宫室的每一个厅堂都极其讲究，有光线可以照进来的地方，还有阴暗的密室，它们将所有房间连接在一起；雕梁画栋，窗牖雕花刻画；又有庭院，还有园囿，里面养着名马和奇珍异兽。梁冀、孙寿夫妇闲来没事就坐着豪华辇车，张着华丽的车盖，在自己的园子里悠游；不时还召来乐队舞女，令她们整路歌唱跳舞。

梁冀、孙寿权力鼎盛时，大家都要巴结亲近，以至于仅仅管通报的门房，都足以凭借收到的贿赂致富了。他们家的林苑，和皇家林苑同等级，不仅面积广大，更是戒备森严。

引用《后汉书》的这些记录，目的不在于提供历史八卦和谈资，而是具体地显现两个重点。第一，让大家知道，在中国传统正史中，有很多源自后世评断而来的夸张之辞，不能简单地把它们都当作事实，当我们把它们用作史料时，必须意识到偏见和夸大的作用。第二，也提醒大家，只从传统的角度看，我们对孙寿这样的人，了解太有限了！

东汉大姓人家的女性，值得更仔细的研究。像马太后、邓太后、梁太后这些女人，不能单纯以皇后或皇太后的角色来理解。在历史上，她们和其他朝代的皇后、皇太后很不一样，绝非母仪天下的典范。她们不是以女子或妻子的身份进入宫中，进而得到在皇帝身边地位的。她们代表家族大姓去承担特殊的政治角色，也就必定要有相当的政治能力和政治手腕。她们的养成，她们运用和保持权力的方式，都是让人好奇的主题。像孙寿那样的女人，竟然能和权倾一时的梁冀平起平坐，毫不相让，由她的例子推想，那些一辈子在政治场里的皇后、皇太后，想必也都有强悍、不驯的一面。她们不符合传统中国女性的形象，是历史中的异质存在，却也是确确实实不该被忽视和扭曲的存在。

宦官诛杀梁冀，士族和宦官对立

公元 150 年，梁太后去世，不过皇后还是梁家人，梁家的外戚地位没有根本的改变。但对梁家来说，不幸的是这位梁皇后竟然比桓帝死得早，死于公元 159 年。

梁皇后一死，桓帝就和五常侍联手诛杀了梁冀，情况又变成宦官势力大涨了。宦官联合皇帝，斗倒了外戚梁家，但在这个过程中，外朝士族大致未受损伤，于是政治上对立的双方，变成了宦官和士族。

《后汉书》的说法是："宦官方炽，任人及子弟为官，布满天下，竞为贪淫，朝野嗟怨。"其中的关键在于"布满天下"，这正就是顺帝开放宦官养子继承爵位产生的后果，这种势头发展到一定程度，宦官的权力触角伸进了外朝官僚体制里，宦官与士族就在许多领域短兵相接了。

梁家垮台之后，士族取而代之，和宦官对立。这时候的宦官，也已经不是西汉朝廷政治中的宦官了。宦官和士族连环恶斗，最终不仅斗垮了东汉王朝，还将中国带入分裂的新状态。

第三讲

汉帝国的运作和社会风气

01

“历史进化以渐不以骤”

钱穆先生在谈历史时，特别强调“历史进化以渐不以骤”的观念，意思是，历史的变化是慢慢积累的，不会一下子就变。钱穆经常被归类为保守派历史学家，他的保守立场，一部分来自他所处的时代和他本人的经历。他的时代，给出的真的是血的教训，因为那是革命的时代，革命的本质就是要快速改变社会。

革命当然是讲究效率的，要对眼前所见的种种不满现象，一次性地、立即地予以改变。革命的观念认为我们能够主观地给社会动手术，找到正确的计划和正确的方式，快速地更新原来的社会，就好像一个人被推进手术室，出来就变成另一个人，甚至是老人变成年轻人，女人变成男人。

钱穆所经历的中国，进行了一波又一波的手术，但手术的结果，一来都不是革命提倡者所设想的，二来都无法彻底改变社会根本的运作模式。鲁迅的《阿 Q 正传》，甚至可以说鲁迅所有的作品，最大的贡献之一，就在于悲观且深刻地指出，革命之前和革命之后的中国社会并没有本质改变，只是社会上多了很多口号，很多流行的装模作样，但革命原本真正要革除的，不管是人心和行为，还是事物，实际上都继续存在。

读钱穆的史学著作，会读到与“历史进化以渐不以骤”有关联的一个洞见——历史从来都不按照人的计划而改变。中国历史上有过几位政治设计家，他们对社会该如何运作，不仅提出了完整的方案，还获得了足够的权力来落实他们的设计。王莽是这样的设计家，后来宋代的王安石也是这样的设计家，然而他们的大力改造，最终得到的都不是设想的模样，他们的理想没有实现，却给社会带来了翻天覆地的扰乱。换句话说，社会集体付出了昂贵的代价，并没有得到想象中的美好结果。

王莽和王安石所犯的根本错误，就在于他们不相信、不尊重“历史进化以渐不以骤”的法则。历史是不遵循设计而变化的，历史的变化由数不清的诸多变化互相影响、互相作用而成，没有人能以主观意志操控、决定这些数不清的变化因素和力量。

而从“历史进化以渐不以骤”的观念出发，我们也得到了一些关于如何读历史、看待历史的重要提醒。要真正洞察历史、理解历史，我们必定会遭遇一些困难。

第一个困难在于，描述“骤”，也就是那些快速、巨大、一时的变化事件，相对容易；而描述“渐”，那就困难多了。传统的历史叙述，把重心放在人的决定、行为及其带来的结果上，其实这就是一种描述“骤”的手法。这样的历史时间感是短暂的，历史的视野是切近的，看到的是一个人、一群人在一个生命周期内的变化，也就是说它将历史放入几十年乃至十几年的变化周期中来理解。

这样的历史叙述，很容易就突显了“骤”，让人误以为历史就是充满独立事件、快速变化的存在，以至于看不到变化速度慢得多却也重要得多的结构性情形。很多人从这种历史知识形式中得到印象，并且相信：公元前221年，原来的“秦王政”变成“秦始皇”的那一天，中国就变成了一个完全不一样的中国，最重要的变化就是在这个日子里发生的。

如此，历史变成了一个又一个事件的更迭。为什么我们习惯用皇帝来记忆中国历史？因为一个个皇帝即位和去世，是一个个容易掌握的事件。为什么朝代在中国历史上那么重要？因为改朝换代，是最明显不过的事件。久而久之，我们就将这些事件与历史等同起来，以为历史就是这些事件，知道、记得这些事件就是了解了历史。

这其实是对历史的偷懒认识。历史没有这么简单，历史的变化远比这复杂得多。只是碰触复杂的“渐”的变化，我们并没有那么方便的言辞可供使用。描述赤壁之战和淝水之战很容易，我们可以说得活灵活现，而且它们有清楚的结果：曹操被打败了，苻坚大军被挡住了；相对而言，要讲述曹操如何建立那样一支庞大的军队，再往前看为什么会出现曹操这样的势力，曹操权力的政治、社会、经济基础是什么，这可就困难得多了。

皇帝来了，皇帝又去了；朝代来了，朝代又去了，但有些更基础、更根本的东西还在那里，比如亲族宗法组织。但亲族宗法组织也不是始终不变的，周朝的封建制度建立在严格的宗法基础上，封建制度的瓦解必定伴随着宗法组织的变化。秦朝的法家意识形态强调“连坐”，朝廷将百姓纳入编户齐民，对宗法产生了新的冲击。汉武帝独尊儒术，抬高《孝经》的地位，再度微妙地改变了亲族宗法组织与政治、社会间的关系。

所以相对战争、皇帝和朝代更替的“骤”，亲族宗法是中国历史上的“渐”。但亲族宗法要怎么描述呢？如果我们不偷懒，不仅看到历史的“骤”，还看到历史的“渐”，那么认真地看待、说明亲族宗法，就成了一个逃避不了的大挑战。

02

历史事物的延续和断裂

历史不是照着设计改变的，这带来的另一个困扰是，有些事物在历史中内容改变了，名称却没有变；也有反过来的现象，有些事物获得了新的名字，在内容上却维系或继承了过去的某种相同的内容。

“封建”这两个字，在中国历史上存在了将近三千年。但汉初所说的封建，与周朝的封建已经有了很大的差异，那就更不用说20世纪，中国人所说的封建，其含义与周朝、汉朝的封建有多大的不同了。

这提醒我们在分析爵制的时候，可以将这个制度当作“渐”的例证，并分析它在历史演进中，如何以同样的名称渐渐被赋予不同的内涵。

“爵”原本是封建制度中为贵族划分等级的封号，后来在秦国扩张的过程中被应用在一般人即非贵族之人的身上。秦国原本地处西陲，是周朝封建制度体系下的偏远国家，秦国既有的制度根基没那么深，相对容易产生变化。为了响应商鞅变法中对军功的强调，秦统治者将“爵”予以扩张，每个人都被授予一定的爵位，也就是每个人都有政府分派的一个社会等级，而且每个人都可以靠军功往上升；反过来，如果这个人犯了错误，作为惩罚，他的爵位也会被降级。

这样一种扩张的爵制，大大有助于征调和控制百姓。从春秋到战国，不仅战争越来越频繁，而且战争的参与者，从贵族变成了平民。在这变化过程中，能够更有效地动员更庞大的军队，更有效地激励士卒奋勇作战的国家，当然就能在战争中获得优势。普遍化的爵制，让秦国百姓有强烈的意愿上战场，愿意奋勇杀敌，因为在战场上的表现好坏，可以具体而直接地反映在自身爵位等级的升降上。

可以这样说，扩张的爵制原本是秦国走向全民皆兵的一个制度性工具，但如此设计的制度，在秦朝灭亡后，被新建立的汉朝继承了。汉承秦制，最初几十年，汉朝没有对秦的制度进行全面改造，于是爵制留下来了，且逐渐蜕变为构成汉朝社会组织骨干的二十等爵制。也就是说，这不是汉朝皇帝和将相们的主观选择，知道爵制有用故而留着，还对之进行有效的改造，而是在时间的变化中，不依任何人的主观意愿而形成的。

日本历史学家西嶋定生（1919—1988）花了几十年的工夫，

专注地研究汉朝二十等爵制，他还原了二十等爵制的社会功能，改变了我们对这段历史的理解。传统的历史研究沿用秦的概念，将二十等爵制看作“军功制度”的一部分，理所当然地认为，汉不再是秦那样的军功社会，二十等爵制只是历史的遗迹，在汉朝也只是象征性的名词而已。

但是，分散在各种史料中的众多片段显示，汉朝的二十等爵制没有那么简单。经过西嶋定生的耐心整理后，我们惊讶地发现，那么大的一个汉帝国社会正常运作，竟然就是建立在二十等爵制的基础上。所以我们要从社会角度认识汉朝，不可能绕过二十等爵制。

03

汉朝二十等爵制对帝国秩序的帮助

二十等爵制将所有人分成二十个不同的等级。从最低的一等到第八等，是属于平民的等级；第九等以上，则是官职的等级。之前在秦的制度中，平民的等级基本上都是由军功来决定的。过去忽视二十等爵制，因为大家理所当然地认为，没有了持续的战争，没有了奖励军功的措施，这样的等级制度自然也就没有意义了。

的确，汉朝没有了普遍的军功晋爵，但人们仍然可以通过许多方式晋爵。最常见的方式，便是朝廷赐爵。朝廷有重大的喜事，比如新皇帝即位或是皇帝改元，在颁布信息的同时，通常也会附加让全民晋爵的恩赐。这就有了一个说小不小的作用——保证朝廷的重要消息，一定能有效地传达到基层组织，而且让基层的人们都对这些重大事件保持关注。皇帝、帝国不是在几千里外遥远而陌生的事物，而是和每个人都相关的。

每个人都有朝廷授予的爵位等级，遇到赐爵时能享受升级的好处，于是连带地，这就需要完整登录爵级的办法。你是第二级升第三级，还是第五级升第六级，如果缺乏有效的、准确的记录管理，那么赐爵要如何落实，赐爵时岂不容易大家吵成一团？

很明显，二十等爵制在地方还发挥了另一个关键作用，即准确有效地保存人们的基本信息资料。甚至再往前推，在战乱流离的失序状态中，二十等爵制有助于社会组织的重构。

周朝以降，中国社会的核心组织是宗族，社会通过宗族中自然的尊卑地位，延伸开来安排社会秩序。祖父的地位比父亲高、堂哥的地位比我高、儿子的地位低于我弟弟、弟弟女儿的地位又低于我儿子……对这样的尊卑高下秩序，大家有强烈的共识，由宗族自然延伸出去，也就提供了地方社会必需的秩序。

只要宗族系统存在，社会就能按照宗族秩序运作，但这样的社会组织原则，最怕各种因素造成的宗族离散，人离开了宗族环境，就相当于失去了彼此产生关联的组织基础。在乱世中，人们不仅从固定的地方离开，还离开了宗族组织，来自不同地方的流民聚集到新地方，如何重新建立有效运作的集体秩序呢？

在宗族秩序失效之处，二十等爵制意外地发挥了特殊的作用。这当然不是原本设计二十等爵制时统治者刻意照顾到的。在一个新聚集的群体中，人与人之间没有亲族关系，无法以亲族关系来规范彼此的行为，他们暂时选择按照二十等爵制所规定的秩序来形成上下级关系。

我们可以如此具体地想象：有一群人分别从不同地区、不同宗族中离散出来，都到了一个新地方，如果他们能够尽快建立合作关系，对大家都有显而易见的好处。但这种关系要如何形成？简单而又现成的办法就是按照每个人既有的爵级进行上下等级安排。爵级牵涉国家编户齐民、应向国家履行的义务，以及能从国家获得的权益，人们会有较强的动机保留证明爵级的资料，也会有较强的动机恢复爵级，如此就能提供社会组织的原则，并产生社会组织的方式。

这样的作用，原本并不在二十等爵制的起初构想中，却因历史的变化意外发挥了极大的稳定社会的作用。二十等爵制提升了人们对统一国家的认同和需求。在组织松脱、宗族离散的特殊状况下，要解决新地方的社会组织问题，最容易的方法，就是找到帝国官僚体系中的基层人员，比如三老、游徼和啬夫等，找到了他们，就找到了登录身份和爵级的方法，人们就能按照身份和爵级快速建立临时社会组织，维持基本的社会秩序。

如果不是二十等爵制提供了这种方法，流离失所的百姓不会这么快回归帝国统治体系，政府需要花更多时间摸索和试错才能在正常的宗族组织以外建立起地方社会组织。百姓有了较强的“帝国认同”，主动回归编户齐民的系统，对汉帝国稳定大有帮助。

04

二十等爵制的运转

中国最早的一部数学专著，是汉朝的《九章算经》。书里有一个题目：五个人去打猎，猎到了五只鹿，请问该如何分鹿肉？（今有大夫、不更、簪袅、上造、公士，凡五人，共猎得五鹿。欲以爵次分之，问各得几何？）这很简单，谁都会回答吧？不见得。因为《九章算经》里的这个题目另有限制：这五个人，分属不同的爵级。关键在这里，计算上难也难在这里。不同爵级的人应该按比例分到不同重量的鹿肉。

这样的题目，反映了爵级意识在当时社会的普遍性和重要性。读《史记》和《汉书》时，我们会遇到刘邦身边的一位重要谋士，叫陈平，他在乡里最被重视的本事就是公平地分肉。为什么能公平地分肉会获得特别的名声呢？肉有不同部位的，有瘦的，有肥的，不是简单称一称重量，平均分配就好了吗？

不是。分肉最难的地方在于不一样的人有不一样的爵级，分肉时要记得每个人的爵级，并且按照他们的爵级计算出正确的比例，这可就需要真本事了！显然陈平对乡里人士个个都熟，还有一个精巧的数学头脑，在乡里当然很有用。

乡里分肉是汉朝真实且重要的日常仪式。这样的仪式，不仅可以让大家高高兴兴地聚在一起，还能彰显彼此之间的爵级高下。有陈平这样的人，乡里分肉可以进行得很顺利，大家对分到的肉都满意，对陈平也很服气，同时这也意味着大家接受了爵制的权威，爵位高的人得的多，爵位低的人得的少，这也进一步强化了爵制。

一个人拥有的爵级，不仅被用在分肉上，还涉及更为切身的刑罚。法律规定的惩罚，很多都可以用爵级来“赎”，也就是说，人们可以借由降爵来减轻被判的刑罚。

有二十等爵制的介入，汉朝判刑往往不是真正的刑罚。承袭秦朝的法律，汉朝的死罪条目很多，动辄就有被判死刑的情况。但一个人被判死刑不见得就死定了，绝大部分情况是，遭判刑的人都有爵级，他们都会用爵级来“赎”，免死减刑。汉朝史书上经常看到的说法：赎为庶人，指的就是爵级很高的官员，因罪被判死刑，最终得到的惩罚是取消他身上所有的爵级，让他回归最低等级的庶人，之后他可以在爵级上重新开始。

如此，一来使判刑和处刑之间产生很大的差距，缓和了法律的严苛程度；二来增加了爵级的价值，因为获得一定程度的爵级是可以救命的。

高的爵级可以救命，还可以减免徭役。徭役的分配也考虑爵级高下，爵级越低的人负担越重，而且必要时爵级可抵劳役之征。公共工程或战争需要大批人力时，朝廷按照爵级高下进行征调，先征发爵级较低的人，不够的话，再逐渐征发爵级较高的人。于是，爵级又有一定的保护安定生活的作用。

东汉初立，光武帝每征服一个地方，通常立即要做的就是赐爵和复爵。赐爵是让一个人的爵位从原来的第三级升到第四级。那复爵呢？如果在新莽时期，一个人因为任何事而被夺爵，或拿原有的爵位去赎了的，现在新的政权取消其效力，让这个人恢复之前较高的爵级。

这样的做法，在象征层面上否定了新莽政权，在实际层面上，则是尽量让更多人感受到改朝换代的好处。还有一个好处是有效地收编流民，让因战乱而流散的人，为了恢复原来的爵级，而主动归入帝国治理。这对重建社会秩序有重大的意义。

汉朝的皇帝常常下令赐爵。这样的诏令要有意义且能产生实际作用，前提是需要每个人当下级别的记录，不然如何让每个人的爵级都升一等呢？

光武帝重建社会秩序的手段，还包括规定“民有嫁妻卖子欲归父母者，恣听之。敢拘执，论如律”。在战乱中被迫进入别人家中当媳妇、当养子的，现在有回归原家庭的自由。这项规定真正的重点不在于尊重个人自由，而是朝廷强力介入，否定在前一个政权下形成的婚姻和收养关系，朝廷权力凌驾于社会风气之上，使得国家与个人之间的关系越来越密切。

秦汉社会整体的走向，是国家对人民的管辖越来越全面，而二十等爵制是实现这种管辖的关键因素。政府规定可以用爵制来赎罪，能引导百姓接受帝国法律的惩罚而不致逃亡法外，因为人们可以付出降爵这个相对小的代价来赎罪，当然就不会选择放弃所有的身份和财产逃亡。而越多人愿意接受帝国法律的管辖，法外的灰色空间也会相应缩小。

05

二十等爵制的运转（续）

二十等爵制运作最有效的单位是“里”。里以百户为单位，在这样的规模中，第一级到第八级不同爵级的人，几乎都彼此认识，也都彼此知晓，遵守爵级上下秩序。汉朝地方社会一年到头有许多固定的节令仪式，其中大部分都有标示和肯定爵级上下秩序的作用。

因此，在现实社会生活中，中国基层社会获得了新面貌，在既有的宗族纽带之外，又添加了其他形式的纽带。宗族一直存在，然而与周朝细密的封建制度相比，这时宗族的约束力已经减弱了许多，再加上二十等爵制及相关的仪式，“里”这个基层组织被有效地塑造为一个联系紧密的社群。在这个社群里，有自然的血缘关系，还有人为的组织安排。

从西汉到东汉，自然血缘和人为组织的力量出现明显的消长。

帝国进行了缓慢而持续的调整，亲族仍然是私人组织的主要组成部分，不过在此之上，还发展出了另一套公共组织原则，那便是爵制。

长此以往，爵级和军功分离了，人们获得升级机会，最主要就是靠朝廷赐爵。于是，每个帝国子民的基本生活形态，也就是靠每隔几年一次的赐爵，逐步从第一级升到第八级。在这个过程中，如果有“赎”的需要，不管是交不上赋税，服不了徭役，还是犯了罪，他就得降爵或退回爵级原点，再慢慢往上升。正常情况下，一个人活得越长久，爵级就越高。这样的趋向，符合以前的宗族尊卑等级原则，不至于与宗族高下秩序产生太大冲突，反而对其有加强效果。

于是，在这样的社会里，产生了浓厚的敬老、尊老风气。一个人活得越长久，不仅在家族中能成为受人尊敬的长辈，也有更多的机会升到更高的爵级。年轻人再有能力，再有成就，都不太可能躐等获得较高的爵级。

中国社会从秦汉开始，逐渐从原来的封建社会，转变为帝国社会。帝国的形成，是先有上层的政治制度，如打破原有的封建制，改为郡县制。而社会组织的改变，远比政治制度的改变要慢得多。花了超过百年的时间，社会组织才形成了与帝国系统深深契合的纽带，进而被整合为帝国的有机组成部分。当帝国社会形成后，基层社会的支撑，使得帝国更加稳定，更不容易瓦解，遇到动乱也有更强的恢复能力。

帝国社会形成的过程中，二十等爵制发挥了重要的作用。除此之外，这段时间里的农业变革，则是另一项决定性因素。

06

代田法和牛耕的发明

与社会组织关系最密切的是农业发展，汉朝农业的新现象是新兴的牛耕。

我们印象中典型的中国田园景象，一定是有一头牛、一头犁和一个戴斗笠的农人，不是吗？然而从历史上看，这样的情景其实是在汉朝才确立下来的。在此之前，牛耕并不普遍。牛耕发明以前，中国传统的农耕，先是一个人推一头犁耕田；后来是耦耕，也就是两个人一起推犁产生更大的力量，可以将土耕得更深些；后来，又发明了两头犁，但两头犁需要的推犁力量更大，所以往往是由三个人一起推；再后来，人们普遍养牛，用一头牛取代三个人拉两头犁，人只需在后面扶犁，并控制牛行走的方向就可以了。

铁制的犁，再加上使用牛力，使得汉朝华北的旱田农业生产效率大幅提升。汉武帝末年，当时担任搜粟都督的赵过，发明了代田法。代田法是将田地整成一条一条高低相间且平行的甽和垄，甽低垄高。将作物种在甽上，留出垄来。作物生长，遇到需要除草时，不必将杂草拔掉，而是将垄上的部分土铲下来，覆盖在甽上。如此一来，垄上的草和甽上的草就都被覆盖在土中，不仅省掉了人除草的工夫，而且让作物根基处的覆土变厚，有更好的保温效果，还降低了作物长高后被风吹倒的危险。

反复将垄上的土铲到甽上，垄越来越低，甽相对则越来越高。这个生长季结束后，重新整地，就将原来的垄整成甽，原来的甽整成垄，于是产生轮作的效果，也就是把土地分成两部分，一季只用其中的一半耕作，另一半休耕，以便下一季耕作使用。

代田法是很聪明、很有效的发明，朝廷先在长安附近的官田进行试验，取得极大的成功，后来推广到民间。代田法的普遍运用，使汉朝农业生产更上一个台阶。

不过值得注意的是，为什么代田法要先在官田上进行试验？朝廷对官田有充分的控制权，只是其中一个理由。另外的理由是，将田地整成一高一低的甽垄平行状，需要庞大的劳动力。官田有铁犁，有足够的牛，也有足够的人力，可以办到。一季耕作完成，第二年再将甽整成垄，垄整成甽，又需要庞大的劳动力。

还有，代田法之“代”，实际上就是让土地的利用率减半，每季只有一半的面积用在播种生产上，另一半整成垄的田地休耕。官田有足够大的面积，而且没有固定的非养活不可的人，可以承担这样的代价和风险。

东汉画像砖《弋射、收获图》

代田法的成功和推广，耕牛和铁犁在农业中的作用更加突显。在犁田播种之前，代田法需要用耕牛和铁犁将土地整成规则的甽垄平行状，而在作物生长季节里，除草也不再单纯依赖人力，而是部分要靠耕牛和铁犁将垄的土推起来堆到甽上。等到收获后，还要用耕牛和铁犁将土地高低状态逆转，重新整出一组平行的甽和垄。

换句话说，农家是否拥有牛只，关系到他们能否实施代田法来有效增加生长效率；农家是否拥有足够多的土地，能否在土地上动用耕牛进行新的轮作，也关系到他们实施代田法进行生产的效果。

不仅如此，铁器的重要性也提高了。在《盐铁论》记录的会议辩论中，我们看到贤良文学对国营政策的强烈攻讦之一，就是铁器专卖政策使得铁器质量低劣，国家生产的铁器偷工减料，卖给农民的铁器硬度不够，而这样的铁器显然无法应对农业新技术反复犁田的需要。

07

农业技术发展的社会效应

这些农业技术的发展，产生了连带的社会效应，农业生产的规模变大了。而土地不够多，买不起铁器，养不起耕牛的小农，在这波变革中就无法运用最新的代田法，也就享受不到代田法带来的生产效率提升的好处。

缺乏大型铁器、没有耕牛劳力协助的小农，他们的土地单位面积的收成，低到可能只有实施代田法土地的三分之一。很明显，代田法的实施，导致大农的经济效益高过小农的，有大块土地之人的农业收成，是小土地生产者的许多倍。从财富滋生和积累的角度看，土地多的人越来越富，土地少的人越来越穷。

新的农业生产技术对小农，尤其是负担不起耕牛和大型铁器的底层小农极度不利。另外，新的农业生产技术也提供了将土地更加集中的契机。五户底层小农如果把他们拥有的土地合起来，并且使用铁器、牛耕、代田法进行生产，就能获得三倍于原先五户所得的收成。

而在那个时代，没有入股或农业合作社之类的将土地整合在一起的多元方法。流行的方法，只有兼并。于是，本来就有大块土地的人，他们提升了生产力，积累了财富，有更多的本钱去收购更多的土地，而那些只能守住小块土地的农户，长年产出不足，稍遇荒歉，就只好卖土地以维持生计。如此，当然小农越来越少，土地所有权越来越集中了。

从西汉末年到东汉，我们看到的农业生产现象，不仅包括土地兼并，连带发展的，还有生产制度上的大农制。地主买来许多土地，并非将这些土地交给原本一户一户的小农——现在变成了佃——去耕种。在集中土地所有权的过程中，他们还进行了生产上的整合，将小块土地合在一起，成为实施代田法轮耕的大单位，很快，大单位的农作收成就多过了原先这些小块土地个别收成之和。

在东汉，土地所有权上的兼并和生产制度上的大农制，是并肩进行的。土地兼并到一定程度，另一个进一步有利于大农制生产的重要因素也出现了，就是水利工程的发展。

《讲给大家的中国历史 1：中国是怎么出现的》论到中国文明的发生，曾提到卡尔·魏特夫的“治水社会说”，他主张中国起源于大型水利工程的发展，灌溉的需要刺激了中国发展出大型的、集中的政治组织，换句话说，中国相对早熟的政府，是因大型水利工程的需要而出现的。

现在我们确知魏特夫的说法不符合中国古史的实际情况。中国古代农业主要是旱耕，没有那么多水利工程；中国国家起源也另有途径。不过“治水社会说”之所以出现，就在于它指出了水利工程发展的一项关键特征——需要大规模的组织。个别农户在水利工程方面做不了什么事，简单挖个水塘都需要大块土地，需要大量人力，更不用说挖水道引水。有土地，有人力还不够，水利工程需要能联结相关人士的组织和权力。

在东汉，水利工程建设获得了空前的优势条件。前面提到帝国社会的形成，人们愿意臣服在帝国之下，接受帝国的管辖，于是，政府就能有效地整合资源，进行农田水利建设。另外，土地集中和大农制的发展，也有助于大地主进行区域性的水利工程建设。

政府各处修建并维护灌溉渠道，地主豪族则到处挖水塘。相较于灌溉渠道，水塘在所需人力上较为减省，但即便是挖水塘的支出，也不是小农的资源可以负担的，而能够负担开挖水塘的大户地主，在农业用水上有双重保障，当自然降雨不足时，他们能从国家修建的灌溉渠道获水，也能从自家的水塘中取水，以确保农作物不会因缺水而歉收。

如此一来，大农的出现更加有理有利。水涝灾害发生时，大农可以将多余的水导入水塘，避免水涝对作物的伤害；干旱时，他们又可以从水塘中取水，维系作物生长所需。这些生产保障，个体小农都难以获得，于是气候条件略差的时候，自然就有小农维持不下去，只能出卖土地，被并入大农生产中了。

08

两汉的城市发展

两汉的社会变化中，城市也有了特殊的发展。

前册说过，中华民族是一个擅长筑城的民族，很早就开始在各处筑城，不过城的功能，主要是政治性的。也就是说，有城却不见得有市，在围起来的城墙之内出现热闹的市集交易，并非早期中国的一般地理景观。周朝分封诸侯的过程中，建起了上千个城，每个城就是一个小国，也是封建制度的政治中心，但其中大部分城并不具备集中的商业贸易功能。

周朝以降，经历了短暂的秦朝，历史进入汉朝，过去以政治功能凌驾于商业利益之上的城，越来越具备明显的市的功能，市就是商业买卖的集中地。据史料，西汉长安城最多有九个市，关于这九个市的分布，不同记录有不同说法，但可以明确的是它们集中在长安城西北两个大市——东市和西市。

不过，市在城里的发展模式，中国与西方国家还是不同。古代近东和古希腊，大的聚落都是因商业功能而形成的，所以人们筑城就是为了方便和保护商业行为。但在中国，逐渐在城内开放商业行为，与其说为了方便和保护，不如说是为了加强监管。

古代中国对商人和商业行为有根深蒂固的歧视。最早在封建制度中，人与人之间都有非常明确的亲族关系，并遵循严格的宗法仪式，不断强化彼此的关系，在这样的组织中，人们必然对外来者或陌生人产生强烈的不信任感和隔阂感。商业行为的本质是流动的，身处流动组织中的商人，本来就不容易被纳入既有的宗法系统里。

在春秋战国高度竞争的环境里，出现了更强烈的重农思想。农民既是土地生产的主要劳动力，又是新形态战争中的主要战斗力。各国之间的敌意越来越强，连带地也就要清楚划分自己的百姓和别人的百姓，商人不生产、不打仗，又游走在各国之间，在这样的环境里，他们就更不被信任，也更不被讨好了。

重农思想在春秋战国之际形成，并被固定下来成为中国社会的核心价值观念，这使得商人相对而言更难出头。

市的设置是集中监管商业行为的一种手段。长安城的大市，其实面积不过三平方公里，而且有规定，长安城的所有店铺只能开在这个划出来的空间，在此之外的城内其他地方，是不准做买卖的。此外，在市里居住的人，要有市籍，其实这是一种次等公民的身份。

在分配公共工程任务或战争徭役时，帝国通常的做法是先征调罪犯刑徒，如果罪犯刑徒人数不够，就征发有市籍也就是做买卖的人；人数还不够，就征发其上世、二世有市籍的，也就是说，如果一个人的父亲或祖父有市籍，这个子孙即使自身已经脱离了市籍，也还是不被视为身份正常的平民，依然要“优先”承担徭役。

另外，很多时候，帝国法令明确规定，有市籍的人不准当官。从规定上看，有市籍的人社会地位很低。不过，法令的规定是一回事，现实情况却是另一回事，不见得都与规定相符。市籍主要管辖的，是坐贾，也就是定点开店铺做买卖的；但做生意的人除了坐贾之外，还有行商，就是到处流动做生意的。

因为市籍会带来种种不利，所以大家宁可当行商，也不当坐贾。在汉朝，行商格外发达，他们贩卖的主要是方便运送且在其他地方都能获得高额利润的商品，这些商品显然不是日常用品，而是一些珍稀的奢侈品。谁能负担奢侈品呢？当然是那些不用自己下地劳作，能够聚集土地和佃户的地主。于是，地主和行商产生了自然的联结，行商将奢侈品运到各地卖给新兴地主，地主消费奢侈品，使这些行商致富，当行商有钱了，他们也去买土地，让自己转型成为地主。

会做生意的商人买土地成为地主，一些地主拿剩余的财富做生意，如此一来，地主积累财富的方法不仅更加有效，还更加多元，社会整体的贫富差距因此被拉得更大了。

09

豪左都成了豪右

西汉的社会阶层分野，有豪左和豪右的区别。豪左和豪右，虽然都是“豪”，都是有钱人，但也要区分“左”和“右”，也就是区分地位高下。豪左指的是有钱的大商人，其财富来自商业生意；豪右指的是有钱的大地主，其财富与土地密切结合。“右”高于“左”，豪右的地位高于豪左，甚至可以说，就是因为地主不愿和商人平起平坐，即便他们同样有钱，地主都必须与商人划清界限，以强调自己较高的社会身份，这才会有豪右和豪左的区别。

然而有意思的是，在东汉的日常用语中，豪左基本上消失了，只剩豪右。在王符、仲长统批判社会的文章中，他们说来说去都是攻击豪右，并非因为他们认为豪左比较好，而是在他们的时代，过去那些凭借商业致富的豪左，都已经成功转型，将财富形式转到土地上了，没有人还笨得要守住豪左的身份。

也就是说，豪左都并入豪右了。稍微有点办法的豪左，就赶紧用做生意赚来的钱，购买土地，摆脱较低的豪左身份，升级为豪右。大家都这么做，豪左这个名词慢慢地就失去实际意义进而消失了。有钱的商人必定会规避市籍，转型为地主，从而获得较高的社会地位。在这个过程中，很明显，土地集中和土地兼并的状况当然也越来越严重了。

东汉地主的规模，远比西汉的大。东汉大地主的政治影响力，更是远比西汉的大。东汉时期，每隔一段时间就要进行一次土地丈量，每次土地丈量都会发现一些土地登记与实际情况不符，而且几乎毫无例外，每次丈量发现的土地登记与实际情况严重不符的，都出现在南阳地区。

南阳是光武帝起家的地区，那里聚集了皇室宗亲和开国功臣及其后裔，所以是土地兼并最剧烈的地区。几个大姓家族凭借朝廷的政治势力，不断在家乡地区获取土地资源，这就使得南阳这一带的土地登记永远赶不上现实情况的变化。

从西汉到东汉，不仅土地兼并现象更严重、更普遍，而且朝廷看待这件事的态度也改变了。西汉朝廷将土地兼并视为应该想办法解决的问题，但他们找不到有效的方法，以至于出现王莽实行的那种激烈而不现实的措施。东汉朝廷基本上不认为土地兼并是问题，更不想抑制土地兼并。东汉政权是由南阳刘家联合其他几个大姓家族建立起来的，大姓家族的支持让刘家人能当皇帝，在这样的背景下，朝廷不可能推出挑战大姓家族根本利益的政策。

10

东汉宗族组织的变化

东汉的宗族组织发生了微妙而复杂的变化。在基层的村里小单位中，宗族相对而言变得不重要了，帝国塑造的人为组织在很多方面取代了原本宗族的作用；然而在上流阶层，也就是拥有大量财富和权力的阶层中，宗族却变得更重要了。豪右基本上是建立在宗族组织基础上的，大姓家族控制了越来越多的财富和土地。

下层社会人们对宗族的认同感没那么强烈，宗族也发挥不了太大的作用，于是，人们安土重迁的习惯也减弱了。他们留在同一个地方，留在宗族组织中，并不会得到太多好处，遇到困难时也得不到太多协助。相反，在上层社会，人不会也不能轻易离开宗族组织。土地、财富和权力被大姓家族掌握，他们离开了宗族，就相当于放弃获得土地、财富和权力的机会。上层社会的利益分配是封闭的，如果一个人不属于几个大姓家族，就很难获得土地、财富和权力。

东汉中期以后，宗族组织绑不住的中下层人士逐渐游离出来，到新地方寻找生活机会。他们身上拥有的，一是国家授予的爵级，二是不受土地限制的本事。不需要土地、不需要其他条件的本事，最主要的是知识，从狭义角度而言就是儒学。

这些人在社会中寻求向上流动的机会。然而他们闯入的社会环境，已经形成了坚实的天花板，他们再怎么努力向上，也很快就到顶了，再往上是属于豪右的世界，没有先天的大姓家族身份，他们绝对无法进入以宗族为明确界限的豪右世界。

在这样的结构逼挤下，一个特殊的历史人物群体产生，就是“客”。客起源于东汉，在魏晋南北朝时变得越来越重要。“客”是什么？他们是出身于底层，离开了既有的宗族组织，游离出来，在高不成低不就的处境中，选择依附豪右的一类人。

前面提到对普通人而言，宗族的组织原则日渐淡漠，东汉中期之后，出现了许多以个人身份服务大姓家族的现象。他们不是以一家一姓为单位加入国家或其他组织，而是以个人的名义改变自己的归属。这种现象越来越普遍，而家族单位也不再那么重要。这种趋势发展，也出现了余英时先生所说的“士的自觉”，也就是一个读书人对自己所学知识的认同，高出他原本对自己所在家族的认同。

这就孕育出全新的个人主义意识，或者说新的个人主义价值观。佛教开始被普遍接受，家庭和家族的约束力变小了，允许个体选择自己的信仰，佛教也渐渐被越来越多的人接受。道家对家族伦理秩序的批判和反抗，也成为读书人的态度，所以后来才会出现像“竹林七贤”这样的魏晋名士。名士的起点，就是一股反抗宗法礼仪约束的个人主义精神。

在东汉，最早出现的客的形式是门生和属吏。东汉中期之后，大姓家族的墓碑出现了新的炫耀身份的做法，那就是在墓碑上列出去世之人的门生姓名。2世纪中叶的一个名臣刘宽，他的一块墓碑上竟然列出约三百个门生的名字，其中有九十六个是当时在职的官吏，其中包括三十五个县官，十一个郡守。不仅如此，他的另一块墓碑上还列出了五十个属吏的名字。

我们从中可以看到后来中古社会的雏形，每个大姓都形成了世家。世家有其自身的人才和社会资源系统，原本是从帝国体制中发展出来的，但世家的这套人才和社会资源系统慢慢地凌驾于帝国体制之上，转而变成对帝国的最大威胁，甚至左右了帝国的命运。

11

东汉厚葬风气与六朝门第雏形

门生和属吏加入之后，大姓宗族的势力更大，其内部组织也更复杂了，再加上前面提到的二十等爵制带来的影响，东汉社会有着浓厚的尊老、敬老风气，再往后发展，厚葬的习俗就出现了。

东汉的史料对厚葬的描述和讨论非常多。厚葬反映出社会的贫富差距，贫富差距扩大为奢侈和炫富行为创造了条件，豪右的生活越来越豪华，于是连死人的葬礼，也变得越来越夸张。

王符在《潜夫论》中有一段文字记录："今（妇女）多不修中馈，休其蚕织，而起学巫祝，鼓舞事神，以欺诬细民……"意思是，女人不管家务事，不从事织造，而去学巫祝之术，起乩跳舞，炫惑平民百姓。妇女"欺诬细民"，显然王符说的妇女不是细民，而是有钱人家的女人。

她们“或裁好缯，作为疏头，令工采画，雇人书祝，虚饰巧言，欲邀多福。或裂拆缯彩，裁广数分，长各五寸，缝绘佩之。或纺彩丝而縻，断截以绕臂”。意思是，她们不仅学巫祝跳舞，而且有着非常华丽、讲究的装扮，用最好的布料绑在头上和手臂上，布料还要添加彩绘且写上祝语。

“此等之俦，既不助长农工女，无有益于世，而坐食嘉谷，消费白日。……今京师贵戚，衣服、饮食、车舆、文饰、庐舍，皆过王制，僭上甚矣。”王符话锋一转，从这些有特殊嗜好的妇女，联系更普遍的社会现象，就是京师贵戚豪奢的生活，他们穿的、吃的、用的、住的，没有一样遵守原来的规范，奢华程度样样都超过皇帝。

“从奴仆妾，皆服葛子升越，筒中女布，细致绮縠，冰纨锦绣。犀象珠玉，虎魄玳瑁，石山隐饰，金银错镂，麞麂履舄，文组彩褋。”更夸张的是，这些京师贵戚连家里的奴仆在外表上也打扮得十分豪华，他们的衣服用的是最好的布料，最细巧的绣工，还挂上各种稀奇的饰品，鞋也是用最好的动物皮做成的，并且画上最漂亮的纹样。

这种奢侈风气，在西汉不曾出现。奢侈源于财富集中，土地产出和商业所得被少数人垄断，他们当然就拥有越来越多可支配的财富。

不过，厚葬风气还有奢侈炫耀以外的理由，那就是尊老。一般而言，老人在宗族中的辈分最高，再加上能获得国家赐爵，尊老强化了人们安享一个丰盛华美的人生终点的欲望。对那个时代的普通人而言，每多活一天，在社会上的地位就高一分，死的那一刻就是人生的最高峰，人在生命的巅峰死去，葬礼就变得尤其重要。

豪右家中的老人去世，尤其是族长去世之时，就成了整个家族向社会展现财富和权力的场合。在这个背景下，我们才能理解刘宽的墓碑上为什么要列出那么多门生和属吏的名字。豪右当然有很多土地，有很多钱，但从豪左升格为豪右的社会价值要求，使得他们不会直接突显土地和财富，这种做法太粗糙了，他们慢慢找到了新的炫耀方式。受儒学、经学影响，豪右夸耀的重点转向一人、一家所掌握的知识资本，看有多少有知识、有学问的人聚集在其门下。这是一个极其特别的时代，知识资本如此重要，且以这种形式被使用。

在这个时代，拥有权力和财富的人，必须用权力和财富换取知识，并以能够聚拢具备知识的人，为其夸耀的重点。东汉士族的知识，主要是儒学、经学，但很显然，他们掌握和运用的儒学、经学，与孔子的学问已大不相同，甚至与西汉董仲舒的儒学、经学，也大不相同。西汉的经学带有强烈的政治性，深深卷入王朝政治中，最后孕育出了王莽篡汉这一历史变化。相对而言，东汉的经学进入豪右宗族，其社会性远强于政治性，豪右宗族受经学和儒学推动，最终发展成六朝时期的门第。

再度提醒大家，在中国漫长的历史过程中，同样的名词在不同时代、不同环境里，往往有不同的意义和性质。要理解历史，就不能一看到同样的名词便理所当然地认为它们的内涵是一样的。

东汉彩绘陶院落，藏于河南博物院

东汉宅院画像砖，藏于中国国家博物馆

第四讲

汉朝的食衣住行

01

从汉字看稻米种植的扩大

中国的文字使用历史长达三千多年，在历史研究和理解中，我们必须警觉的一个盲点是，看到同样的字词，很容易就视之为描述同样的事、同样的现象，忽略了字词在时间之中的诸多变化。

不过，持续使用的文字，尤其是中文这样的非表音文字，在历史研究和理解中，给我们带来的方便远远多过它造成的障碍。约两千年前汉朝人的生活，就保留在我们今天依然使用的文字中。文字是超越时空的密码，把汉朝人的生活包裹起来并送到我们这里，让我们得以立即掌握，甚至感到熟悉、亲切。世界其他文明大多缺乏如此悠久的文字系统，不容易获得这种亲切感。

举个例子，台湾地区的“统一超商”当红的商品是三角形的御饭团，而“统一超商”在宣传御饭团时，就特别标榜他们使用的是台湾本地产的“台粳九号”米。

“粳”这个字就是远从汉朝传下来的，它和其他两个字一起构成了当时人对米的基本分类。另外两个字是“籼”和“糯”。三个字一组，指的是不同硬度的米：籼是最干、最硬的米；粳是硬度、湿度适中的米；而糯是最湿、最软的米。

以前台湾有“在来米”和“蓬莱米”的名称，“在来米”就是一种“籼”，比较硬，很难煮熟。水加得少了，米粒好像没有水，很难咬动；水加得多了，米会结成一块一块的，无法达到粒粒分明的效果。因为“在来米”难煮难吃，现在几乎没有人吃了，少量“在来米”生产出来也都只供磨成米粉当原料。

今天用来做油饭和粽子的米，我们都还称之为糯米，以区别于日常做白米饭使用的粳米。不过在汉朝时，籼、粳和糯指的不是明确的米种分类，而是用来形容米的硬度，口感较硬的叫籼，口感较软的叫糯。

这一组名词在汉朝出现，显示了中国人从战国到秦汉的饮食习惯变化，即米食的重要性提高了。随着农业技术的进步，原本比较适合在南方生长而在北方较为稀有的稻米，逐渐变得普遍，所以稻米从少数人的偶尔享受，变成多数人的生活必需品。只有积累了足够多的吃米的经验，人们才会通过语言文字对其予以正式记录和分类。

水利工程越来越普遍，稻米的种植区域往北移动，在这个时代的政治、经济和文化核心区，越来越多的人种米吃米，这是汉朝人生活的一个新现象。

02

汉朝人主食麦，一天两餐

汉朝人的饮食习惯与我们不太一样，他们不觉得一天要吃三餐。当时的习惯是吃昼、晚两餐。昼食在早上八九点吃，晚餐则是下午五点左右吃，这是一般人吃饭的时间。

不过，皇帝不是一般人，所以皇帝一天要吃四顿饭，而且这四顿饭是按照阴阳五行的理论来安排的。早上起床，属于少阳的时刻，吃一顿；接近中午，属于太阳的时刻，吃一顿；黄昏则是少阴时刻，也要吃一顿；同理可推，晚上属于太阴的时刻，还要吃一顿。这不是考虑皇帝肚子饿不饿，也不是为满足他的口腹之欲而安排的吃饭方式，而是针对皇帝要尽到协调天地阴阳的责任而安排的。

汉朝之前，中国北方黄土地带人们的主食是黍与稷，到了汉朝，主食逐渐变成麦。南方人吃米，北方人吃麦，今天看来好像天经地义。不过，一来北方普遍吃麦，在汉朝才成为事实，二来汉朝人吃麦的方式，与后来很不一样。

那个时候人们吃麦，就是将麦子外面的壳打掉之后，直接拿去蒸或煮。现在即便是在中国北方，应该也没什么人有嚼麦子的经验，更不用说天天嚼麦子了。嚼过麦子的人都知道，即便是蒸过、煮过的麦子，还是很硬，很难嚼得动。麦不像米，米煮过之后会变软，就算是籼这种硬米，吃的时候也不需太大力气。麦不一样。

中古时期，中国医学进一步发展，有了比较专业的牙医，他们注意到北方人一般牙口不太好，年纪稍大或营养稍差，就开始掉牙，其中一大原因就是他们长期嚼麦饭。或者也可以反过来说，因为麦饭很硬，很难嚼，牙口稍微差些的人就嚼不动了，所以在南方吃米饭时不成问题的稍弱牙口，在北方可就变成足以妨碍正常生活的病症了。

在北方，麦饭是最普遍、最容易做的主食。将麦饭继续加工，蒸煮过后晒干，就成了糒或糇。如此加工过的食粮，主要是为了出门时在路上吃。那个时代，人们在外面吃饭的机会不多，路上更不会随地有饭馆或餐厅提供饮食，人们出门一般都得自备食粮，糒和糇就是最基本的行粮。

人们用麦饭制成糒或糇的过程中，一般会加入干果或蜜汁，以增添味道，使之比较好下咽。吃的时候很简单，用水泡开、泡软，便可食用。中文里有一个字，“飧”，其本义就是用水泡饭，也就是将晒干的米饭或麦饭放在碗里，加水泡开吃。大家都熟悉的诗句："谁知盘中飧，粒粒皆辛苦"（现今通行的"谁知盘中餐"并非作者李绅原文，而是以"餐"代替生僻字"飧"），我们现在通行的解释是：有谁知道盘里一粒一粒的米饭，每一粒都是农夫辛苦种出来的？我不确定诗人写诗时，这个"飧"字是否还保留了古义，但如果取其古义，那诗里的形象或许还要更鲜明些。也就是说，在盘里看到的，不是刚刚煮好的米饭，而是煮过了、晒干了之后保存下来，吃的时候用水泡开吃的饭干。饭干泡开之后，米粒或麦粒一粒一粒浮在水上，所以盘里不再是一口饭、一团饭，而是粒粒分明的饭，于是格外感觉到这一粒一粒都得来不容易。

另外，如果煮麦时多加了水，麦饭就成了麦粥。不过汉朝时麦粥远不如麦饭普遍，因为麦粥得耗费更多燃料来煮。而当时，中原地区的山林几乎被砍伐殆尽，一般人没那么容易获得方便而免费的燃料，所以会特别珍惜使用燃料。

03

汉朝人吃的其他食物

汉朝人不常吃麦粥，却常吃豆粥，一个理由是将豆子煮烂比将麦子煮烂容易得多。汉朝人常吃的甘豆羹，就是豆粥，制作方法是将豆子煮得烂烂糊糊，但除了豆子之外，还要加一点米，这就让豆粥变得更浓稠，成为羹，而且有米的甜味，所以豆羹才会“甘”。

羹这个字的古义指的是肉汤，因此甘豆羹是夸大的美称，称之为羹，可以让你误以为喝到了肉汤，其实里面并没有肉，只是加了米的豆粥。在汉朝，羹的意思开始改变，不一定是指肉汤，而是浓稠、黏糊糊的汤，这就很接近今天台湾人所称的肉羹和鱿鱼羹的用法了。

因为加入米一起煮，容易煮出浓汁来，所以在汉朝很多被称为羹的，其实都是以米汤为底。单纯的米汤，也有好听的名字，叫作白羹，各种粥加入了白羹，也就变成各种羹了。

人们以麦为主食，除了煮麦饭、麦粥之外，也做麦饼。但做麦饼比较费工，这需要磨麦子，把麦子磨成面粉之后才能用来做饼。我们今天吃麦，九成是先把麦子磨成面粉，用面粉做出各种食物。那个时代，面粉没这么普遍，其中一个理由是没有那么充裕的劳动力将麦磨成面粉，不过更关键的因素，应该是汉朝人还不懂得发酵。面粉不发酵，做不出馒头，做不出窝窝头，做出来的面饼，也是很硬的，并不比麦饭好嚼，和麦饭一样耗牙口。

麦饼的一种做法，是蒸，也就是不发酵，揉过面之后直接蒸熟。还有更简单、更草率的做法，是将麦饼直接放进水里煮，做出来的叫作汤饼。

后世已经亡佚了的《续汉书》中，有记录说“灵帝好胡饼，京师皆食胡饼”。东汉末年，连皇帝都爱吃的新东西——胡饼出现了。胡饼的特别之处，在于它是烤出来的，比较接近我们今天所理解的饼。东汉末年到三国两晋时期，外来的、烤的胡饼仍然很稀奇，一般人能吃的，都还是蒸或煮的麦饼。西晋束皙写了一篇《饼赋》，赋中所写的，仍然是汤饼。

“玄冬猛寒，清晨之会，涕冻鼻中，霜凝口外。充虚解战，汤饼为最。……弱似春绵，白若秋练，气勃郁以扬布，香飞散而远遍。行人失涎于下风，童仆空噍而斜眄，擎器者舐唇，立侍者干咽。”意思是，什么时候最适合吃汤饼呢？冬天寒流来时的一大早。什么样的汤饼最好吃？像春天的棉花一样软，像秋天赶制的白绢一样白。煮汤饼时，香味飘出去，下风处的行人流口水，弄得大家都想吃汤饼了。

不过，看看赋中提到的人，比如童仆、擎器者、立侍者，就知道汤饼不过是普通劳动者得以饱腹兼御寒的食物。

04

外来食材和烹饪方式

胡饼的名字里有“胡”字，一看就知道它是外来的。影响汉朝饮食文化的一个重要因素，是外来食材和烹饪方式。

今天通用的食物名称中，有“胡”或“番”的，都是外来的。中国引进外来食物的历史中，汉朝是一个高峰，后来还会陆续出现。汉朝时期进入中原的食物有胡萝卜和胡瓜，今天再平常不过的两样东西，在那个时代还很珍贵。另外有一种皮全是黄色，里面有很多小籽的瓜，和我们今天称为黄瓜的食物一样都叫胡瓜。这种黄色胡瓜比较甜，所以它是汉朝皇亲贵戚家流行的珍贵食品。在那个时代的饮食中，甜味的食物相对少，黄瓜就已经算甜的了，黄色胡瓜还更甜些。这些食物当时主要是生食，以品尝其难得的甜味。

从西域传入的食物有菠菜，还有石榴。一开始传入的是石榴，后来又有外表形状像石榴的水果传入，就被命名为番石榴。石榴外皮皱皱的，里面有一颗颗红色的种子，没有什么果肉，人们主要就是吃它酸酸甜甜的种子。番石榴外表是绿色的，里面有比较厚的果肉，人们主要是吃它的果肉。

葡萄也在这时候传入，另外因要养马，汉朝人跟西域人学会了种植苜蓿。那个时代的苜蓿是给马吃的，不是给人吃的。

从饮食习惯上看，这段时间传入的食物中最重要的是大蒜，大蒜改变了中国人的调味方式。古代留下来的饮食史料，没有太多调味的记录，从汉朝以降，调味逐渐变得越来越重要，越来越讲究。大蒜传入之后，和原本就有的葱、姜、韭等结合在一起，形成一组特殊的调味材料，两千年来，这种调味方式没有太大的改变，成了中国菜的核心元素之一。

除了大蒜，汉朝常用，现在却少见的香辛料，是“苏”，它类似今天在日本料理中普遍使用的紫苏，有特殊的浓香。还有一种从汉朝开始发展，后来越来越重要的调味料——豆豉。豆豉包括黄豆豉、黝黑豆豉，都是以盐腌制而成。《汉书》就记录了樊少翁和王孙大卿这两位“豆豉大王”，他们靠卖豆豉而成为富豪。豆豉之所以重要，是因为它可以带来必需的咸味，又增加了能引发食欲的额外滋味。在当时相对简单的饮食方式中，豆豉的刺激应该算是很强烈的。

05

蔬菜、肉食和饮品

汉朝人食用的基本食材，有一些至今保留在中国菜里。蔬菜类有白菜，还有芹菜。芹菜又称水芹，原本是长在水边的野菜，在汉朝时期成为主要的种植菜类。另外，芥菜也很普遍；有竹子的地方，自然就有笋；种荷花的人，会采收菱角和莲藕；攀藤类植物中，葫芦很早就成为中国主流食材之一。

那个时代有些食物的名字看起来很陌生，比如《史记·货殖列传》说："汶山之下，沃野，下有蹲鸱，至死不饥。"描述的是汶山土壤肥沃，住在那里的人永远不必担心饿。汶山出产什么食物，可以保人"至死不饥"？那是一种叫作"蹲鸱"的东西，"鸱"是猫头鹰，"蹲鸱"传神地描述了它的模样：矮矮的，圆墩墩的，像窝起来的猫头鹰一样。这是什么？今天我们把这种东西叫作芋头，它富含淀粉，是可以提供基本热量的根茎作物。这种食物现今仍在，但蹲鸱这个名字完全消失了。

在那个时代，北方地区冬天基本上不产蔬菜，唯一的例外是冬葵。北方人普遍吃冬葵，那是冬天仅有的调剂蔬菜，但这种食物不知道为什么，从两晋以降就淡出了中国人的食谱，或许与长期的气候变化有关。今天我们熟悉的，只有秋葵，我们只能依名字推想，冬葵与秋葵应该在一定程度上类似。

汉朝的蔬菜还有鸡头米，其下部叶子像荷叶，上面有果实，果实表面长着细细的小刺，比较像栗子，但比栗子小。小颗的鸡头米果实里面是浅色的、珠玉般的小球。后来鸡头米在中国饮食史上的地位，还不如它在文学史上的地位高。在中国文学尤其是色情文学中，鸡头米成了女人乳头的指代词。

汉朝人吃的肉，最主要的是猪肉和鸡肉，这并不意外。令我们稍感意外的是狗肉相当普遍，史书上出现了好多杀狗的“狗屠”，吃狗肉的记录，仅次于吃猪肉和鸡肉的。另外，中国传统所谓的“六畜”，到这个时候已经明确出现猪从中脱颖而出的倾向。猪越来越重要，在汉朝，猪肉的普遍程度和在饮食中的重要性，已经不是其他动物肉类所能及的了。

围绕猪肉产生的肉食文化，在中国延续了两千年。宋朝以后的近世中国社会里，猪是唯一一种普遍进行专业养殖的肉类动物。相对地，鸡都是农家在家户环境里养殖的，鸡和鸡蛋没有商品化，供应较不稳定，相对比较珍贵。近世以降，供应最稳定、最容易获取的，一直是猪肉，所以猪肉的吃法也最多。这种以猪肉为中心的饮食习惯，早在汉朝就已经开始了。

考古出土的居延汉简曾记录与猪有关的内容，分类极为详细。其中一片汉简上写着：“头，六十。肝，五十。肺，六十。乳，二十。蹄，二十。舌，二十。胃，一百。髋，三十。心，三十。肠，四十。”这是什么？这应该是一份价目表。再从竹简的上下文推断，这应该是猪身上各个部位的价目表，因为竹简上另有一个条目记录的是牛，另一个条目记录的是鸡。牛和鸡都只列一个项目，但猪却按着从头到尾不同部分仔细区分。这种买卖方式上的差异，清楚地显示出猪的特殊地位。猪肝、猪肺、猪蹄、猪肚、猪舌……在那个时代就已经有了特殊的食用方法，这是食用猪占据肉类动物饮食中心位置的明证。

那个时代的人喝的，当然有酒。至少在一万年前，人类就发明了酿酒的方法，每个社会、每个文明里的人都懂得用谷物或水果酿酒。

不过汉朝时有一种特别的饮品不能不提，那就是浆。汉朝史料中经常出现的浆，指的是米浆，但汉朝人喝的米浆也不是现今台湾早餐店卖的那种米浆。我们喝的米浆是先将米炒熟，甚至炒到有点焦，然后去磨去煮，这样做出来的米浆呈褐色，而且带着浓厚的焦香。

汉朝的米浆是单纯用米煮的汁，颜色是白的。有时人们会放进一点麦，让它的颜色变得不那么白。米浆有时会带一点甜味，可能是放了蜜。这是那时的人们最常喝的东西，不仅是饮品，还是下午餐和餐间最普遍的点心。那时候，还没到吃饭时间，若肚子饿了，就喝米浆。所以我们常在史料中看到“饮浆者”和“卖浆者”之类的称呼。

那时候，人们也已经开始喝茶，但还没发展出细腻而讲究的茶文化。另外，人们也吃树上或藤上结的瓜果。前面提到的两种“黄瓜”，都是从外地传入的胡瓜，也比本地产的瓜果好吃。本地产的瓜果，一般拿来解渴，而且被视为穷人的食物。那时的瓜果，与我们今天习惯吃的水果，吃起来很不一样。当时人们对瓜果的描述，一般都是硬、涩、干，它们不像经过多年改良后的现代水果那样软、滑、甜，水分充足。因为瓜果不好吃，所以它们通常都是穷人吃的，或是在饥荒时才不得不吃的东西。如果连瓜果都被吃完了，那人们恐怕就得吃草或吃树皮了。

06

食物制作和食物保存

汉朝时做饭用的灶也已经固定成型了。灶是方形的，有两眼灶和三眼灶，底下放柴火，上面有两个洞，或一个大洞两个小洞，以摆放灶锅。生火用的燃料，是柴、草和晒干的牛粪，基本上也确定了，且在后来的两千年里几乎没有太大变化。

菜肴的做法也有很多种，最简单的是“脍”，即切后生食；还有“炙”，也就是在明火上烧烤；另外有“炮”，指的是间接地烤，比如有名的叫花鸡的做法，就是用泥巴将鸡包裹起来，放在火里烧熟，然后去掉泥巴食用，这种做法就叫“炮”。

还有一种常引起误会的做法，是“濯”。屈原在《渔父》中有一名句：“沧浪之水清兮，可以濯吾缨；沧浪之水浊兮，可以濯吾足。”“濯”的本意是用水洗，后来这个字用于烹饪，成了将食物放在水里煮熟的意思。有一段时间，把食物放在油中煮熟，也叫“濯”，这种做法，我们今天叫作“炸”。“炸”这个字，其实就是人们用来代替“濯”的，以免混淆“濯”和“炸”的两种很不一样的意思。早先“炸”和“濯”是同音字，算是同音假借，所以当我们念“炸鸡”时，“炸”应该念二声，而不是四声，这是来自对“濯”字发音的记忆。

汉朝人保存食物的方法有“脯”，这是将肉先用盐腌过或用盐水泡过之后再晒干的方法。还有“腊”，是将肉用糖腌过之后再晒干。还有“醢”，是将肉剁碎了之后再腌，使之成为类似香肠肉那样的肉酱。

还有一种我们今天常常读错的方法，叫作“鲍鱼”。《孔子家语·六本》说：“如入鲍鱼之肆，久而不闻其臭。”这里的“鲍鱼”二字可不是名词，不是指贝类中的珍品，而是动词，指的是让鱼发酵后予以保存这个动作。这也是现在做鱼露的方法，制作过程中人们会闻到强烈的腐烂腥臭味道。

还有一种方法是“菹”，指的是酱菜，也指将菜腌起来保存。

食物做好之后，会盛放在陶质的餐具中，然后用筷子夹着吃。用筷子这件事，在汉朝也已固定下来，人们用餐基本上都会准备筷子。不过和今天不一样的是，当时的人使用筷子的时候，一般会搭配匕。匕相当于汤匙，或许那时的人运用筷子的技巧尚不很灵活，所以习惯以汤匙来辅助。

一般人的餐具是陶质的，但有钱人和帝王之家，这时开始鄙夷陶器了，他们有更轻便、更豪华的选择，那就是漆器。漆器是在木头表面涂上特制的漆制成的器皿，不仅可以防水，还能涂上各种华丽的色彩和图样。漆器的餐具逐渐成为重要的身份象征，以与使用陶器的家庭区分开来。汉朝存留下来的古物中，有很多漂亮的漆器。

餐具一类的器皿在中国文化中一直占有特殊地位。从新石器时代开始，用陶土制造的器皿，成为个人或家庭主要的财产形式，也被大量放在墓葬中作为陪葬品，还能用作祭祀器皿。祭祀既涉及食物，也涉及财富的展示，因此，人们很自然地将既可用于储水，又可用于烹调和盛放食物的器皿用于祭祀中。

最晚在商朝，器皿又获得了神圣、神通的意义。将原本坚硬不可食的谷物放入器皿中，加水或加油，然后加热，就能正常食用，这样的转化对古人来说极其奇妙，于是人们连带地给器皿赋予了特殊地位。商朝以贵重的青铜所铸造的器皿，不仅是烹调或祭祀用的器具，更被当作现实世界与超现实的祖先世界之间进行沟通的关键通道。

器皿如此重要，产生的效应是炊具或食器的形制会被保留下来。保留一种炊具，实际上也就相当于保留了使用这种炊具的烹调方式，这或许就是中国人重视食物、重视烹调方式，并且积累多元化烹调方法的一个理由。

器皿的保存，也与保存器皿的称呼相关。中国的文字系统中，有很多与器皿相关的字，有多少不同形制的器皿，就有多少用来称呼各种器皿的文字；文字流传下来，更进一步使得器皿的形制和用途不被遗忘。

07

汉朝人的衣着

那个时代的富人，和其他时代的富人一样，会在食物、穿着方面显现出自己与其他人的区别。不过，在吃的方面，他们的选择不多，因为没那么多珍稀的食材或精致的烹调方法可供炫耀。相对地，在穿衣服方面，富人的表现空间就大得多了。

理解汉朝人衣着的关键在于理解当时的很多规范。穿在身上的衣服，既显现了一个人的外表，也直接代表这是个什么样的人，因为不同身份的人按照各自的身份穿不同的衣服。不过，仔细研究那个时代留下来的和穿衣有关的史料，我们会发现，事实很吊诡，那么多规范所起到的最大的作用，竟然是提供了可以被违背、被僭越的机会。

反省、批判社会现象的文献几乎一定会讲到衣服，讲到“衣装逾制”的问题，比如很多人穿上与其身份不符的衣服，将自己打扮成拥有较高地位之人的样子。所以规范是一回事，现实中人们的打扮则是另一回事。

衣服不容易存留，我们很难看到两千年前的衣服实物，要了解汉朝的衣着，我们不得不依靠文字史料所提到的规范，看出一些基本的倾向。

首先，在衣服的社会价值上，材质越粗的越低级，材质越细的越高级。麻质的等级最低，锦和丝质的等级最高。有钱、有地位的人，要尽量让自己穿的衣服细滑平整。其次，衣服上的配饰或装饰，领襟、衣带等都要以宽博为上，因为宽博的衣料用布较多，成本高，负担得起多出的成本，是财富宽裕的表现。再次，衣服上绘有彩绣或纹绘，颜色越多越华丽，图样越细越复杂，当然就越能体现着衣之人崇高的地位。

那个时代的完整衣着分为几个部分。首先要有冠，人们出门必定要戴帽，不戴帽是极度穷酸或极度失礼的表现。其次要有服，服分内、外，且内外之分很严格。内衣要有领，外衣要有襟。领口比较高、比较小的要穿在里面，有着宽博大襟的要穿在外面，但内衣前胸会露出部分，所以内衣也不能随便穿。外衣衣襟的宽度，还被视为人品的象征，所以闽南语到现在还保留着将衣襟称作 ban 的说法，宽衣襟就是 dua ban，dua ban 也是惯常用来形容人品的词，说一个人 dua ban 就是指他慷慨、宽容，不小气、不计较。

内衣分为衫或汗襦，以及缚两种。衫是最贴身的，也是最薄的，所以一直到今天，我们都用汗衫指贴身内衣，闽南语说一个人没穿衣服，就是“没穿衫”，即一个人连最贴身的衫都没穿，那当然就是光溜溜的了。比较厚一点，一般天较凉时穿的内衣，被称为缚。衫是单层的，缚则是双层的。

内衣按照厚薄分类，外衣则按照长短分类，长的叫袭，短的叫襦。随着语言的演变，后世“袭”这个字就成了量词，现代汉语里都还有“一袭长袍”的说法，袭就是长衣，所以我们不能说“一袭短夹克”。不管是穿袭还是穿襦，人们都要穿裤子。

还有袍，是穿在最外面的，且具备保暖和展示的双重功能。袍按照其厚薄，价值有所不同，汉朝时最有价值、最宝贵的衣物，是一种很薄的袍，是人们在天不冷或居家时穿的，叫作“禅”。长沙马王堆一号墓出土了一件两千多年前的禅衣，保存得非常完整，是一件长袍，重量却只有四十九克。大家不妨回家将衣橱里所有的外衣都拿来称一称，看看以现在的织造技术，有没有接近这种重量的外衣？

比禅衣厚一点的，是襜褕；再厚一点，有夹里的，则是狭义的袍。所以，袍这个字有两重含义，在广义上泛指所有披在最外面的衣服，在狭义上则专指有内里的长衣外套。

08

衣着颜色和各式各样的鞋子

汉朝的衣服颜色，也有特别的意义。衣服的颜色越多、越鲜艳，一般而言它的价值就越高，但有些颜色的衣服是不能随便穿的。一种是赭衣，是暗红色的衣服。赭衣是罪犯穿的。汉朝的文献有“赭衣塞路”的说法，那是在批判刑罚太重，太多人被判为罪犯，按规定他们必须穿赭衣，这也是惩罚的一部分。有时甚至还要在赭衣上写犯人所犯之罪，且将犯人示众，公开羞辱。

白色的衣服也不能随便穿。汉朝时，白色已经明确地与死亡、丧葬关联在一起了。汉朝以降，中国人参加丧礼时穿的衣服就固定为白衣，这种衣服叫作缟素。穿缟素源自周朝的贵族文化习惯，在汉朝逐渐传播到整个社会的不同阶层，变成了全民严格遵循的礼俗。

有冠有服，还有鞋。汉朝人穿的鞋主要由三种材质制成：皮、布和草。三种鞋有地位之别，皮制的鞋地位最高，布制的其次，但布制的鞋成本并不比皮制的低。因为那个时代做鞋用的布，可不是粗实的帆布，而是锦，用锦做成的鞋被称作锦履，这种鞋穿着很舒服，却不耐穿，很容易坏，人们不会随便在外面穿，都是在屋里才穿。

“履”指的是正式的鞋，有钱人的履用皮或锦制成，一般人的履则是草履。草履不是我们想象中的草鞋，而是用麻做的，穿出去还算像样，人人必备。这种草履在汉朝有一个别号叫“不借”，意思是人人都有，所以谁也不用跟别人借，而且因为它是正式外出穿的鞋，不会多买或多准备，也没有多余的可以借给别人。

当时做的鞋与今天的鞋最大的差别在于鞋底。我们穿的鞋，鞋底和鞋面的材质不同，但那时候，皮鞋的鞋面是皮质的，鞋底也是皮质的。布鞋的鞋面是布的，鞋底也是布的。它们没有我们今天所谓的鞋底。这样的鞋把脚包起来，有鞋的样子，但绝对不适合穿着走路，随便走几步，大概就能把鞋磨破。

用来走路的，有舄和屐。舄有木头做的鞋底，相当于将原本的履加上了木头底，所以它很耐磨，也比较稳，人们若是稍微走路或久站，就要穿舄。至于屐，也是在一整块木头上加了布或草的面，但它的鞋底通常会有齿，将木头刻成凹凸不平的样式，以增加摩擦力。这才是真正用来走远路的鞋，不怕磨，不怕进水，而且就算雨天在泥地上，穿着它也可以防滑，避免跌倒。

鞋里要穿袜子，袜子多半是白色的。那个时代的袜子比现代的长，标准的大约有一尺长（汉尺一尺约合今天的二十二厘米），上端套在小腿外的部分还要有装饰。当时进入别人家里后，一般性礼仪是将鞋脱掉，只穿袜子。皇帝赐给大臣的最高特权，是"剑履上殿"，也就是允许大臣带着剑、穿着鞋进入宫殿。同样的道理，如果一个人犯了错，向别人道歉，他该做的是"免冠徒跣"，也就是把帽子摘了，把袜子脱了，光头光脚，先羞辱自己，降低自己的身份。这些都是穿着所附带的社会、文化意义。

09

汉朝人的居住

汉朝人住的一般的房子里，没有我们今天惯用的桌、椅，他们家里最重要的家具是床、榻、几。

床是很古老的家具，很早就发展成离地约一尺高的形式，让人睡觉的地方和地面保持一段距离，避免湿气，同时不会感到那么热或那么冷。床上也早就有了放在头下的枕，那时候最流行的是中通枕，也称通中枕，其材质是木头或竹子，将木头或竹子的里面挖空，或用楺的方式将之卷曲形成中空，如此制造弹性。

这样的枕也就决定了当时人睡觉的姿势。中通枕是硬的，人不可能抱着枕头，也不可能将头侧趴在上面，唯一舒服的姿势是正面仰卧，枕垫着后脑和脖子中间的位置。那时候的人睡觉显然很规矩，不太会也不太能随意翻身，所以每个人需要的床面空间也不大。

床上除了枕之外，还有褥，铺在床上，垫在身下，还有被盖在身上。

汉朝人从北方，应该是从匈奴人那里引进了榻，又叫胡榻。榻比床窄且矮，最特别的地方是，不睡觉时可以将榻收起来，靠在墙上，这就省下了空间。除此之外，榻可以躺，也可以坐，因为榻比较矮，方便人跪坐。当时人坐的方式，主要是跪坐，今天日本人的坐姿也是如此。日本人铺在屋内的草垫，我们都还翻译为榻榻米，保留了榻与那种跪坐姿势之间的关联。

历史故事描述管宁这个人，特别说他长年坐在同一个位子，保持同一个姿势，以至于他两膝跪的地方都被磨凹了，可见他的恒心和耐力。跪坐不容易，日本人的跪坐是将重心放在臀部，但按照管宁的故事来看，汉朝人跪坐的重心可能是在膝盖上，这就更不舒服了。

所以人们需要“几”来辅助。我们今天说的茶几是用来放东西的，汉朝的几不是这样，而是供人倚靠的。人坐得不舒服，就拉一个几过来，靠在几上，这叫作“倚几”。倚几是汉朝常见的一种姿势。

桌椅出现得较晚，到唐朝才逐渐普及，直到宋朝之后才成为中国家具的常见品。所以宋朝之后，中国的桌椅制作工艺有了长足进步，在明朝发展到高峰。

汉朝房屋的基本格局是两室一堂，这听起来像现代的两室一厅。堂和厅都是公共空间，但与现代的房相比，古代的室并没有那么隐秘。现代的房是单独的、有门可以隔起来的空间，然而汉朝的室只是大空间中的一种安排、摆设，并不是固定的隔间。

房屋普遍使用布质帷帐，垂下来的帷帐将空间分隔开来，以形成比较固定而正式的隔间。另外有屏风，屏风是活动的，可以分隔开更私密的空间。一间房子里，人们用帷帐将一个人睡觉的地方隔开，但即使在帷帐隔开的空间里，人要换衣服，也得到屏风后面去。

汉朝房屋里的装饰，一项突破性的发展是灯具。蜡烛很早就产生了，大约战国时期就已经在家居中普遍使用，但直到汉朝，才出现固定的灯具，而且灯具的形制越来越复杂，越来越精致。我们从考古资料中看到的古物，有羊尊型的灯，把灯做成羊的模样，还有模仿朱雀外观的灯。不过，当时最流行的灯具，应该是人俑灯，也就是侍女捧着灯座模样的灯，看起来就像家中有个侍女随时举着灯照亮空间。

河北满城汉墓出土了一盏格外精巧的灯，不仅有灯罩，而且灯罩是活动的，可以视需要调整灯光的方向和亮度。这种灯在汉朝之前是没有的，却在汉朝成为家居生活的重要一环。

10

汉朝建筑的创新与堂间建筑风格

汉朝的一般房屋是木质结构加上夯土墙，也就是除了木头梁柱之外，再加上夯实的泥土构成墙面，来承受屋顶的重量。这种建筑材质和形式已经存在了很久，是中国平民居住房屋的主要建筑形式。

不过，对上流阶层有钱有权的人而言，宫殿建筑有不同的建法，这要回溯到汉朝之前几百年甚至上千年前。在夏朝的宫殿遗址中，我们就发现了宫殿的夯土地基。隆起的坚实夯土地基上，散布着一个个“柱洞”，这显示当时那些位子由一根根或大或小的柱子占据。由“柱洞”可清楚地看出，人们不是等夯土地基打好了才把柱子立上去的，而是事先安排好每一根柱子的位置，然后把泥土运来铺上，一层层打实。

这种建造方法很不简单，事先必须详细规划，还必须有庞大人力的协同。为什么要用这种复杂的建造方法？因为要将柱子埋在夯土地基里，坚实的夯土产生的力量大大增加了柱子的支撑力。如此一来，柱子就可以支撑屋顶大部分的重量，相对也就减轻了屋顶对墙面支撑力的要求。

用夯土地基将宫殿建筑基底垫高，让柱子埋在夯土层里，这样做的好处，一是可以为建筑物设计出更复杂的屋顶结构。中国宫殿建筑很早就出现了复式屋顶，叫作“重檐”，这是抵挡风雨、防止漏水最有效的方法，水本来就不容易积留在斜屋顶上，再加上斜屋顶是两层，即便上面一层屋顶漏雨，下面还有一层屋顶，可以让水流出去。

二是宫殿建筑的墙面无须提供支撑力，光靠柱子支撑就够了。所以宫殿建筑不需要像民间房屋一样使用夯土墙，甚至可以不用墙。

汉朝的大型建筑方法持续进步，人们设计出更有效的斗拱结构，能将屋顶的重量，更平均地分配在梁柱上，使垂直的柱和水平的梁有更合理的结构关系。建筑成就的奇迹逐渐出现了，这就是特殊的堂间建筑风格。

堂间建筑的特色就是将屋顶的重量完全由柱子承受，不仅没有承重墙，也不需要厚重的夯土。堂间建筑在中国出现得很早，在唐朝发展到最高峰，但在今天的中国已基本消失，少有被保留的古代案例，反而是在日本保存得更好。

日本京都的名所有“三十三间堂”，其名称直接来自堂间建筑。由周围柱子围成的空间，叫作一堂，连续三十三个堂就构成了长屋，堪称建筑奇观。因为屋顶的重量都被分散在柱子上，所以这种建筑可以将墙当作门一样全部推开，或者使用活动式墙面，于是制造出独特的空间效果，可以让屋内屋外通透，消除了绝然的内外之隔。

从汉朝就固定下来的宫殿建筑典范是，中间有殿，四周则是有水的庭园。在日本参观古建筑就能体会到，宫殿被水声包围，虽处于殿内却还是觉得被自然环绕。因为所有的墙都是门，门都是活动的，可以推开，甚至可以卸下，门卸下来时，宫殿就没有墙了，人坐在宫殿的正中央，都能毫无阻碍地看到庭园，殿内的视野和殿外的并没有差别。这就是形成于汉朝的堂间建筑的美学作用和在生活享受上的功能。

东汉时期的堂间建筑产生了一些有趣的变化。所有的墙都不需要承受重量，这就意味着屋内的每一堵墙都是“假墙”，所以屋主很方便造复壁，也就是密室，毕竟多几堵墙或少几堵墙都不影响建筑的稳定，也无须借由结构来分辨房子的格局，这就很容易隔出外人察觉不到的空间。东汉很多有钱人家里都有复壁，他们在里面藏东西，藏人，甚至秘密生养小孩。

堂间建筑的法式确立后，扩大建筑规模的技术也逐渐进步，其中一种做法叫作“飞格”，英文术语是 covered bridge，也就是加上屋顶，垫高地基，连通屋与屋，进一步延展不分内外的空间。无论是晴天还是雨天，人都可以从这空间经过，更重要的是可以在这空间里享受既在户外又不完全受户外天气限制的自由。

汉朝的室内装饰也发生了重要的变化，其中一个是地砖的普遍使用。以前室内的地面基本上就是泥地，汉朝人借由发达的烧窑技术，不仅烧制出用来建造房屋的普通砖，放在屋顶上的瓦，还烧制出专门用于铺地，以增添室内舒适感和豪华感的地砖。地砖可以防潮，可以防滑，对提升居住质量有很大的作用。

以前人们会在室内墙壁上涂烧过的白灰，让室内看起来比较亮。汉朝时产生了新的技术和新的潮流，人们在墙面涂漆，有钱人家中则要在墙面涂“椒”才算够豪华。涂椒应该是在墙面涂近似红色等暖色系的漆，这一方面显示出漆的制造与染色技术有了进步，另一方面显示出当时人追求室内舒适感的潮流。

还有一种比涂椒更奢侈的墙面装饰技术，就是把墙用锦或漂亮的布包起来，这些布料被称作“壁衣”。壁衣不仅有颜色，有质感，还能产生光线折射的效果，而且方便更换，当然就显得更气派、更豪华，也更适合屋主拿来炫耀了。

一个明显的趋势是一般人家与富豪王公家居住条件的差距越来越大。财富的集中使得有钱人能够在建筑和装饰上投入更多花费，而且爱好炫耀的社会风气，又让他们有更强的动机将钱花在人人可以看到的建筑上。

11

汉朝人的出行

再来说说汉朝人的“行”。

当时主要的交通工具是牛车和马车。牛车基本上用于载货，马车则是载人的。都会地区流行的马车是轺车，这种车与我们想象的车有一定差距，因为它不是用来乘坐的。人在轺车上是站着的，前面有一个负责驾马的人，也是站着的。这样的轺车有点像古罗马的战车。

自从秦始皇推行“车同轨”后，汉朝的马路上大多有浅轨，轨道宽度固定，石板路的轨道是刻意凿出来的，泥土路的轨道则是因为被同样宽度的车轮反复压过而自然形成的。

特别值得一提的是汉帝国建立的交通网。《史记·太史公自序》提到了司马迁年轻时的“壮游”，他基本走遍了重要的历史文化区，这是让他后来成为称职且杰出的历史学家的重要条件。不容忽略的是这样的人文养成，需要基础设施建设的配合。司马迁在短短几年内走遍汉帝国的主要区域，游历了中国文明起源和展开的核心地区，如此经历，即使在与汉帝国同等辉煌的罗马帝国境内，也很难想象。

这套范围广阔的交通网支持着汉帝国的正常运作。交通网最基层的单位是亭，原则上每十里设一个亭，亭由亭长负责掌管。亭长要承担双重任务，他一方面负责维持一段交通网的畅通，必须确保附近环境安全，没有盗匪威胁行人；另一方面需要掌管一座实际的房舍，它只比一般人家的房屋大一点，供行旅之人休息过夜，而亭长自己通常也住在亭里。持有朝廷许可的人，路过时可住进亭里，由亭长负责提供住宿，并保护其人身安全。

亭之上有驿，原则上每三十里设一个驿。从名称上就看得出来，驿主要是服务于骑马的或乘马车的人。十里一亭，亭与亭之间步行可到，行人不用担心夜宿荒郊野外，驿与驿之间的距离略大，因为那是按照骑马可行的距离安排的。各驿之间连接起来，就形成了汉帝国的文书递送系统。

驿之上还有传，传不按固定距离设置，而是设在每个县府。驿为人马提供了休息之处，人马休息完了继续上路。传呢？从字面意思看得出来，这是换马（有时也换人）的传递之处。尤其是要将文书信息递送到较远距离时，需要像接力赛跑一样，把路程分为好几段轮流交接，这样信息可以传递得更快更远。用这种方式，庞大的汉帝国得以在文书程序和信息交流上有效地组织起来，不会分崩离析。

当时的官方文书递送系统，速度较快且程序严格。从长安到洛阳，按当时的算法是九百五十里，按规定，单程时间是两天，来回则是四天。这种速度靠的就是完备的交通建置，不仅需要良好的道路，还需要到处散布的亭、驿、传。

而且这套递送系统需要详细记录，什么样的文件，由谁在什么时候递送到哪一站，几时到达，几时离开，在那里又交给了谁，在哪个传换了人或换了马继续上路，等等。公家人员可以有效地运用这套系统，并且留下明确而详细的资料以备查验。

如果是私人行旅，可就没法利用公家的亭、驿、传了，不过道路系统的存在，鼓励人们在地理上的移动，同时也就相应刺激了服务于旅人的设施。汉朝时期，在公家设施之外，还出现了逆旅，就是类似私人民宿的地方。“逆”是迎接的意思，“逆旅”会出现在路边民家的标识上，指的是欢迎路上行旅之人进来，不会把旅人赶走。这样的用法始于汉朝，后来含义延伸至文学比喻，比如“人生如逆旅”这个表达里，逆旅成了在陌生地方、不在家状态的通称。

12

汉朝的食衣住行总结

简单整理汉朝社会食、衣、住、行的情况，可以让大家具体感受到，有些一直延续到现代的习惯，竟然早在两千年前就形成了，且在这两千年里没有太大的改变。

当然，从另一个角度，我们也可以借此更深刻地盘点，有哪些特别的生活情形，可惜消失了。比如，精巧且带有浓厚生活美学潜力的堂间建筑，在汉朝确立下来，后来竟逐渐消失了，连带消失的，是我们中国人对空间的敏锐感受，那种追求优游于内外之间的态度。虽然我们仍然强调“天人合一”这个道理，然而离开了植根于土地的农业生产，我们并没有真正与自然自在共存，并且真心关切自然的生活环境。

现代新造的中国传统样式的宫殿建筑，无论是台湾的还是大陆

日本京都三十三间堂

的，都只保留了传统样式的外表，并没有复原传统的堂间建筑结构法。台湾地区的圆山大饭店或两厅院，采用的都是西式建筑结构，一方面，这种做法能将建筑建得那么高，那么大，但另一方面，这种做法必然丧失了堂间建筑原本最适切的尺度感，尤其是彻底失去了它更为巧妙、更为灵活的内外空间安排。

人处于建筑内，却不与户外的自然环境隔离开来，这其实是多么难得的居住智慧，甚至是绝佳的空间安排艺术。中国人发明的堂间建筑结构，却是在日本的社会发挥得淋漓尽致，并得以完整保留。我们今天通过去日本实地考察堂间建筑之美好，进而有效地解读、还原中国古代史料上的描述。

东汉画像砖《荷塘渔猎图》拓片

东汉画像砖《酒肆图》

第五讲

民间宗教与汉末乱局

01

汉朝主流的阴阳五行和天人感应世界观

西汉时期的世界观，以阴阳五行和天人感应为中心，这样一套世界观，在东汉有了进一步的变化发展。

作为解释世界乃至规范世界的思想，五行远比阴阳重要。五行包括金、木、水、火、土五种元素，以及用这五种元素对所有现象和事物进行分类。这样一来，不仅所有现象和事物都被固定地分为五类，而且这五类之间有固定的、必然的关系。

五行之间有相生的关系，还有相克的关系：金生水、水生木、木生火、火生土、土生金，这是相生的循环；金克木、木克土、土克水、水克火、火克金，这是相克的循环。这样的关系被运用在所有现象和事物上，帮助人们掌握世界运行的秩序。任何以五为单位的事物和现象，都用这种关系进行对应和组合。比如五个方位东（木）、西（金）、南（火）、北（水）、中（土），就被配上这五种元素，处于不同方位的人或事物，彼此之间就因此而产生了相生相克的关系。这种关系经由神秘的感应来运行。

五行、感应不仅用来描述这个世界，还连带地规定了这个世界。任何来自东方或被归入东方的事物，就具备了“木”的性质，且与归入南方、具备“火”的性质的事物，产生了“相生”的关系。五行深入人心，到后来，很多原本不是以五为单位分类的事物和现象，都硬生生地被分为五类，如此才能将其纳入五行的框架里。最明显的就是原本理所当然的四季，在五行的世界观里很不方便，于是有人就在既有的春、夏、秋、冬之外，加了一个“仲夏”。本来各为三个月的四季硬是变成了五季，这很难分配也很难计算日期，但没办法，不分为五季，季节就无法纳入五行架构中。人们宁可改变传统，忍受计算上的不方便，也要让季节来配合五行，由此可见五行世界观全面而庞大的影响。

02

主流世界观如何形成

商朝时，人们信仰上的至高权威是帝，帝处在一个超越的世界，俯瞰人类，主宰人类祸福，所以，人必须毕恭毕敬地寻求与帝及其所在世界的沟通。周人“翦商”成功的同时，对信仰进行了重大改革，以天取代了帝。天不是人格神，而是抽象的原则总和，它按照一定的原则，神秘而又公平地管辖着世界。我们不知道天如何运作，如何将天命从这边拿走交给那边，但通过观察人类行为，我们能够充分理解，什么事有利于获得天命，什么事会导致失去天命。

周朝以降，中国文化有着强烈的人文精神，因为决定祸福的，不再是难以捉摸的人格神，而是抽象的天。天公平地反映人的行为：人做对了，天赐福奖赏；人做错了，天降祸处罚。福祸的关键不在于天，而在于人的行为。

天的信仰，为周人带来了忧患意识，那就是他们不能靠一个现在站在自己这边的人格神。祭祀、崇拜、讨好天没有用，如果他们在坚持正确的原则、正确的行为上稍有松懈，那么他们随时可能失去天命。于是，周人除了必须研究、理解行为对错的法则之外，忧患意识又刺激了他们对变化的敏感，所以，他们要研究、理解各种变化的迹象，以从变化中预先了解天的倾向。

“《易》有三义：变易、简易、不易。”意思是，表面上的千变万化，我们当然要注意，但变化其实是遵照固定而有限的原则进行的，懂得、掌握这些原则，复杂的变化就能呈现简单、清晰的条理，而且变化的背后有一个根本的原理是永恒不变的。

《易》深刻的核心精神，是要探究“不变”，也就是从种种“变易”中找出不变的原理或原则，以理解或处理事务。以此推演，我们可以了解五行和感应在汉朝所发挥的作用。

五行加感应，给了当时的人容易掌握的变动规则，也给了他们安全感。他们能够用五行、感应解释变化，进而认为自己能够借五行、感应的规则预见变化。

感应有用，因为在变化上，有些领域复杂，有些领域简单。比如，四季的变化相对简单，人际关系的亲疏变化相对复杂。有了感应，相信感应，相信人际亲疏和四季变化会受感应的影响，当时的人就能够用简单的原则简化复杂的现象，借简单的掌握复杂的。先了解简单的原则，再以感应的信念将这些原则推演到复杂的领域，于是，本来他们不知该如何处理的复杂事务，就产生了相应的简单秩序。

03

阴阳五行和天人感应塑造人们的观念

在这样的世界观里，所有的事物和现象都是彼此相关的，没有任何两样东西是真正无关的。我们能够看到、听到、摸到、想象到、理解到的任何一样东西，在汉朝人的观念中，就都不是孤立的。首先，这样东西在一个五行分类里；其次，这样东西必然因为属于某个五行分类，而与其他五行分类的现象或事物发生关联。

一个世界，虽被分成许许多多不同的领域，但每一个领域按照五行分成五部分，分别被赋予金、木、水、火、土的性质。每一个领域中分在“金”的，属性就与金相似；每一个领域中分在“土”的，就与所有分在“金”的事物之间产生“相生”的关联（土生金）。

感应可以发生在不同领域之间。当时的人相信，每一个领域都因五行关系而有对应的分类，所以领域与领域之间会彼此影响，比如人的领域有五伦，也就是五种人际关系，自然的领域则有五个不同季节，于是，人如何对待五伦就会相应影响五个季节的更替变化。

天文学在中国出现得很早，在汉朝尤其取得了长足的进步。汉朝史籍记录了七百多个星宿名称，说明人们对天体运行有很细致的观察。天文学最重要、最直接的应用是制定历法，尤其必须解决月亮运行周期与太阳运行周期之间的差异。汉朝曾经进行过好几次历法改革，其中最重要的是汉武帝时制定的《太初历》，将一年之初重新定为一月（秦朝和汉朝初年以十月为岁首），是之为太初。

但汉朝人对天象的观察和整理，超过了单纯制定历法所需。天文学家以如此细致的方式观看并记录天象，更大的驱动力来自感应思想。庞大、无限延伸的天象，对应庞大、无限延伸的帝国领土；天上有那么多不同的星宿，地上有那么多不同的州郡县。要在现实中掌握地理上的多元变化，不是当时的技术能实现的，相对地，仰望天象，经由感应的逻辑，借由天文变化来解释地面可能出现的现象，比较容易进行。

汉朝人将天分成十二块不同区域，对应地的十二个不同地区，然后借观察天文变化，预知或控制地上所发生的事。如此，人们就找到了一种将无力掌控的现实简化为可以掌控的快捷方式，这是感应的用法和效果。

感应也影响了汉朝人的生死观。汉朝人相信：人活着时有魂有魄，魂和魄共同存在，人才能存活，死亡就意味着魂、魄分离；而且人死了之后，魂先离开身体，往上升，魄则跟随已经不会动的身体进入地下，保护尸体。

离开了身体的魂会在空中进行一段旅程，目的地是东方扶桑日出之处。魂不会立即到达，也不一定能到达。到不了目的地的魂只好回来，找到原来的魄，再和魄结合在一起，但这时身体已经不存在了，所以魂和魄结合就变成了鬼。

鬼是什么？鬼就是到不了东方日出之处，带着不满、挫折、冤屈的魂，回来和魄重新组合而成的存在。所以鬼不是好东西，鬼的不满、挫折、冤屈使得他们倾向于“祟人”，即给活人带来伤害。

魂为什么到不了东方目的地？其中一个原因是由魄留守的身体，没有得到适当的保护，在魂还在旅途中时，身体就被破坏了。这样的观念，在汉朝引发人们对葬礼格外重视，死者的身体不是单纯的外物，还附着魄，而且魄会神秘地感应影响正在朝东方飞行的魂。人死后身体必须好好埋葬，至少要在魂到达目的地安定下来之前平安无事，不然，魂就会回来找魄，与之结合成可怕的鬼。

用这种方式，汉朝的人解释了为什么会有不意、可怕的灾厄发生——那是鬼在作祟。他们进一步解释了为什么有鬼，那是因为尸体没被保护好，魂到不了东方日出之处。于是因果相连，人们找到了预防灾厄发生的具体方法：好好埋葬尸体，重视葬礼。从这种做法后来发展出“厚葬”的习俗。

或许可以这样说，在那个时代，人们对不能解释、没有答案的事物或现象，必然带着困惑与恐惧，也会以有限的知识尽量给予解释，找到答案。感应是制造解释、提供答案的一套有效架构，将不知道的投射到已经知道的事物或现象上，建立起彼此之间的感应关系，人们就觉得能够了解原本未知、不可知的事物或现象了。如此不断减少未知，增加已知，也使人安心。

04

天人感应的实际用途和专职巫者

五行、感应提供解释，同时也指引人的行为。直到今天中国人都还在用五行算命，大致过程是，先算一个人命中金、木、水、火、土的组成；算出了五行之后，接下来一定是调和五行的建议。比如，命中缺“土”的，就在名字里用“土”字旁的字；命中缺“水”的，就专门找“水”字旁的字取名。

五行、感应也可以帮助人简化解决问题的方法。比如，如果在现实中遇到的问题是：一个孩子缺乏数理能力，数学总是学不好，怎么办？他可以放弃数学，发展其他能力，这是一种解决方法。他可以补习数学，比别人花更多资源和时间在数学上，这是另一种解决方法。若是按照汉朝人的感应思维模式，还有另一种解决方法，去研究数学的五行归类，发现数学在知识体系中属于五行中的哪一种。数学固定，不能变通，性质像“金”，于是就能得到结论：既然数学属“金”，那么数学不好的人就是在身体上或能力上缺“金”，任何能帮他添“金”的做法，都将有助于他提升数学能力，比如给他取一个含有“金”字的绰号，会有帮助。或者告诉他，到了同样属于“金”的秋天，他的数学能力会相应变好，等等。

随着五行、感应思想的兴起，汉朝出现了许多协助人们的中介角色。《史记》中《龟策列传》记录的是占卜者，他们是借占卜技术来掌握感应信息的人。《史记》中另有《日者列传》，日者就是专门算五行的人。闽南语至今保留着“算日子”的说法，闽南语的“算日子”可不是算数字，算某一天到某一天中间一共有几天，它算的是特定日期的好坏，是否适合做某事。而他们算日子的好坏或吉凶，基本上还是按照五行关系。日者对各种不同日子的分析评算，后来就进入“黄历”，使一般人可以自行查看，从而决定什么日子做什么事。

更重要的中介是巫或巫者。巫的功能，是沟通不同世界，将超越现实世界的信息传递到现实世界，也能将此世的祈祷、请求传递到另一个世界。巫沟通运作的基本方式，也是靠感应，也就是通过施法引发感应。因为巫掌握了施行法术的技巧，也能将这些法术用在引发其他感应上，包括利用感应使人生病，甚至夺取人命。比如，汉武帝时有一桩宫廷大案“巫蛊案”，巫是人，“蛊”是巫使用的一种工具。

东汉时期巫、日者和龟策等五行、感应的中介，或者说操控者，在社会上越来越重要，而且他们慢慢聚集。逐渐地，所有这些中介的力量和技术合在一起，产生了道教的“道”。此“道”在技术层面，其实发源于阴阳五行，来自民间小传统的长期积累；但在思想层面，它选择性地依附道家，并挪用道家关于“道”以及自然运行规则的部分说法，作为自身的依据。道教思想详细的变化发展过程，并未留下明确的文字记录，但从后来形成的结果看，这中间必然包含了长远的、有意识的努力，到东汉后期，一个新的经过整合的道教跃上历史的舞台，在东汉灭亡一事上，道教起到了重要作用。

05

东汉后期的党锢之祸

东汉王朝在外戚、宦官和外朝这三方的纷扰斗争中，持续衰弱。公元 166 年，党锢之祸爆发。

党锢之祸的名称，指涉两件事：一是“党”，这是罪名，牵涉其中的人最终以结党的罪名遭到惩罚；二是“锢”，这是他们受到的惩罚，指的是他们被“禁锢终身”，并不是说他们被判处无期徒刑关在牢里，而是指他们从此以后再也不得任官。

党锢之祸的结构性原因，在于宦官势力在地方扩张，与已然形成的士族产生直接冲突。士族们联络起双重阵线，积极抵抗宦官势力在地方坐大，一重是中央与地方的联结，他们联络中央的外朝士族势力，对付地方的宦官养子；另一重是士族之间同仇敌忾的结盟，他们互相声援，彼此呼应。

这双重联结使得地方发生的冲突很快就传到中央，激起中央外朝士族严重的危机感和强烈的团结意识。这些人越聚越多，而且他们聚集的动机和目的越来越明显，就是反对、抵制宦官，这当然也就刺激了宦官高度警戒。

公元166年，针对外朝士族带有敌意的集结，宦官发动了反扑，将当时被视为清流领袖的李膺抓了起来，许多士族都受牵连被判下狱。一年之后，桓帝下令特赦，将这些人放了出来，但从此“禁锢”，这意味着他们都上了“永不录用”的黑名单。这份名单要“书名三府”，意思是有三个不同单位都要登记，将来也要严格审查，绝对不让他们再有机会进入朝廷当官。宦官用这种方式将部分对他们敌意最深，在地方上与他们利益冲突最严重的士族，从朝廷赶走了，使他们无法继续借中央的力量与宦官对抗。

士族对抗宦官最主要的手段是清议。清议是一套品评人物的价值标准和修辞手法，这是士族在自觉受到威胁、被压抑的情况下，发展出来的精神武器。“党锢”使他们与宦官的冲突表面化，剥夺他们的官职，只会加大他们用清议批评、攻击宦官的强度。

人物品评的效果当然是两方面的。从负面强烈地攻击宦官，从人品上彻底否定宦官，有时也波及握有权力、显露于前的外戚。另外从正面标榜自身集团中的某些人物，将他们塑造为人格典范，集团的道德标杆，那些被特别标举出来的士族人士，就成了名士。

党锢之祸的发生，直接冲击了名士的标准。有一条原则脱颖而出，那就是“不畏强权”，要当名士，就不怕被迫害。也就是说，被终身禁锢这一惩罚，在士人集团中迅速变成了光荣的印记，相当于自动得到了“不畏强权”的评价，其地位反而更高了。

“不畏强权”的“不畏”，还有等级之分，等级最高的是“不恤生死”，就是连死都不怕，一个人即使面临生命危险，也要坚持士族的原则，越是不怕的，越是不妥协的，越是以强硬态度对待“强权”的，就越得到人们的肯定。

于是，党锢之祸非但无法收到威吓士族停止攻击宦官的作用，反而让整个对抗局势更加激烈。被当作“党人”抓起来成了士族人品声望的考验，也成了他们展现人品的机会。明知要被抓了，也决不让步，决不求情，而且决不逃跑，反而自若地接受强权的迫害。更有甚者，有一些没被抓的人，不管是尚未被抓到还是根本不在名单上的人，自行投案，坚称自己也是“党人”，应该一并入狱。

党锢之祸的结果是士族的“士气”更高。一来，士族内部的团结意识更强了，人人争先做“党人”，这本来是宦官罗织的罪名，却变成士人争着要抢的光荣头衔。二来，士族的立场和态度也随之变得激进，士族集团中的激进派全面抬头，他们推崇极端信念，要与“强权”殊死一战。

06

皇太后才是理解东汉政治的关键

东汉政治的关键，不在皇帝，而在皇太后。一朝的政治现实，就看其有没有皇太后，以及是哪一家的皇太后当政。

灵帝（168—189年在位）刚即位时，窦太后秉政，窦太后的父亲窦武是真正的权力中心。窦武拉拢了外朝的陈蕃，相当于外戚和外朝联合起来控制朝政，他们心中最大的敌人，当然是宦官，于是他们在明里暗里与窦太后谋划彻底消灭宦官。他们的举动引发宦官领袖的警觉和危机感，宦官挟持皇帝发动政变，逼迫窦太后迁到南宫，还逼窦武自杀，窦家势力一夕瓦解。

窦太后虽然还在，但已经被软禁起来，灵帝便将生母董氏迎进宫，东汉朝廷成了有两个皇太后在位。董太后与窦太后最大的差异在于董太后并非大族出身，她的背后没有大族势力支撑。然后，灵帝又破格娶了一名屠户之女，这名女子就是一样没有大族背景的何皇后。皇后不属于大族，皇太后也不属于大族，这是东汉宫廷政治上从未出现过的情况。

使得事情更复杂的，是何皇后生了一个儿子刘辩，但刘辩出生后，灵帝又和王美人生了另一个儿子刘协。何皇后感觉到王美人和另一个皇子威胁到自己的地位，就下手毒杀了王美人。刘协失去了亲生母亲，怎么办？灵帝就将刘协交给董太后抚养。

这就变成何皇后养了一个皇子，董太后也养了一个皇子，皇后和皇太后势力均等。何、董两家又都没有大族作为后盾，虽然何皇后的哥哥何进在朝中有影响力，但他的权力形式与窦武的不一样，何进纯粹凭借何皇后的关系，并没有自身的家族基础，相对而言更像西汉的外戚，不像东汉的。

在这种情况下，外戚势力一度大幅消退。二十年间，灵帝亲政，董太后和何皇后各拥皇子，互相抵消，因为谁都不知道皇帝死后究竟是刘辩即位还是刘协即位，于是宦官的势力就越来越大了。

灵帝一朝，不仅宦官当政，而且宦官集团快速膨胀。东汉刚建立时，宫中的宦官属于“少府”，员额大约是四十人，在灵帝朝，宦官竟然已经增加到两千人。

而且顺帝朝给宦官“养子袭爵”的权利，两千个宦官都有强烈的意愿让自己的爵位和待遇延续下去，他们积极养儿子继承自己的财产和地位，所以东汉不止有两千个宦官，还有他们的养子也构成了宦官势力的一部分。东汉王朝之前的政治结构中，唯有外戚能抑制宦官势力坐大，但在灵帝朝，窦太后、董太后、何皇后都失去了之前外戚的实力，朝廷中没有人能制衡、抵抗宦官，宦官气焰高涨，且一发不可收拾。

07

皇帝卖官，生意越做越大

公元 172 年，被软禁了三年的窦太后去世了。窦太后死后，有人在宫中朱雀门上发现了一行字：“天下大乱，曹节、王甫幽杀太后，……公卿皆尸禄，无有忠言者。”王甫、曹节是宫中的宦官领袖，这行字直接指控他们“幽杀太后”。不仅如此，这句话也严厉指控满朝公卿明明知道皇太后被杀的事实，却都没有尽到责任阻止或追究这件事。

这是谁写的？为了追究朱雀门上这行字出自谁手，第二次党锢之祸发生了。这次党祸牵连范围比第一次还广，一共有一千多人牵涉其中，且遭到了“锢”的惩罚。也就是说，在短短一段时间里，原有的官僚体系，再加上官僚的储备机构中，有一千多人失去了官位，而且将来永不录用。这对官僚体系的运作和士族的士气，是多么致命的打击！

不仅如此，灵帝索性将原来特别为储备官僚而设的太学排除出任官考虑，另立“鸿都门学”，也就是皇帝放弃了自己和宦官控制不了的太学，改由“鸿都门学”来培养自己需要的人才。

灵帝彻底信赖宦官，将大权都交在宦官手里。灵帝甚至对宫中两个宦官领袖肉麻地说出“张让是我父，赵忠是我母”的话，而且将外朝重要的军事头衔“车骑将军”封给了赵忠，将财政交给张让管理，又封蹇硕为西园军上军校尉。外朝对此全无阻挡之力。

西园是灵帝在原有的皇家园囿之外另设的私家花园。在西园中特别有名的是“西邸”，这是灵帝处理私人事务的地方。皇帝有什么私人事务要在私家花园里处理？其实就是做买卖赚钱。皇帝卖什么？卖他很容易供应的东西——官衔和官职。

桓帝卖官，灵帝也卖官，而且生意越做越大，卖的官位也越来越高。灵帝刚开始只卖些不痛不痒的官，后来买官的人胃口越来越大，小官、平常官都卖不出去了。为了赚更多钱，灵帝也就不客气地将高官大位都拿出来卖了。

灵帝卖官的原因是什么？一部分原因是灵帝的个性。史书上留下的故事说，崔烈是第一个光靠钱就买到关内侯的人，当时他付出的价钱是五百万钱。皇帝答应卖了，钱也收了，到崔烈要封侯时，灵帝不胜可惜地说：“悔不小靳，可至千万！”意思是，我当时如果再多坚持一下，应该可以卖到一千万钱的，怎么才卖了五百万钱呀！

不过，皇帝卖官，除了个性因素外，还有制度上的因素，这就涉及汉朝用意良善的一项安排——国家财政和皇帝私人的财政是分开的。

国家财政归大司农管理，用今天的概念来说就是财政部长。桑弘羊拥有最大权力时，就是担任大司农。米谷钱粮进入大司农的账，这是国家公共资源，皇帝是不能任意拿来作为私人花费的。皇帝和皇宫，还有皇帝的内朝的收支，由少府管理，少府虽然编制很大，但名列九卿最后一名，地位不高。

东汉时期针对皇帝的公私财政分离制度，在执行上发生了严重问题。宦官属于内朝，他们的开支算在皇帝的私人开销上，宦官人数不断膨胀，扩张到两千人，少府控制的皇帝私人荷包逐渐就养不起这么多宦官了，皇帝缺钱用，又不能将大司农管的国家的钱挪过来，那怎么办？灵帝兴冲冲地将他手上拥有的官位拿去做买卖了。

灵帝卖官得到的钱，都交给张让管理，因为这笔钱最大的开销，就是养活宦官。皇帝如此依赖宦官，甚至靠卖官来养活宦官，也反映了此时外朝瓦解带来的问题。朝廷缺乏强有力的外戚，又经历了两次党祸，原来千余名有能力、有资格服务外朝的人被排除在官僚体系之外，那还有什么人能用？外朝的官职一下子出现那么多空缺，皇帝干脆拿去卖。人才培养体系不能正常运作，皇帝就更加依赖宦官了。反正是宦官治国，皇帝把无用的官位卖掉养活宦官，对皇帝来说，反而是个合理的选择。

官职可以买卖，于是朝廷充斥着花钱买官的人，外朝当然就进一步糜烂，以至于没有办法复原了。

08

地方大族趁乱崛起

东汉有一个大族袁家，与朝廷关系密切，号称“四世三公”，即连续四代有人在外朝担任最高官职，但在灵帝朝，袁家的一个子弟被送进皇宫当宦官，另一个子弟袁绍，花钱买了个官。

由大族袁家的例子，我们可以清楚看出东汉末年的政治变化有多大。过去可以在外朝呼风唤雨的袁家，都必须看风头改变策略。宦官位于权力核心，大族必须将子弟送去做宦官，否则无法维系既有的地位。另外，皇帝热衷于卖官，大族的子弟就算有本事、有实力遵循旧的途径在外朝当官，那种官在权力和价值上反而还不如买来的官。因此，大族还要安排另外的子弟通过买官进入官僚体系。

两次党祸之后，“党人”与中央朝廷彻底决裂了。原本由外朝构成的中央政府实际上无法运作了。从一个角度来看，宦官排除了外戚和士族，大获全胜，完成了对皇帝的控制和对皇权的垄断。不过从另一个角度来看，落入宦官手中的皇权，经历了这样的斗争，也已经不是原来的皇权了，其重要性和统治的有效性，都在迅速地滑落、萎缩。

这时候兴起壮大的是地方势力。原本在中央缠斗的三股力量——外戚、宦官、士族，实际上已经斗得三败俱伤，宦官获得的胜利，只能是“惨胜”。中央衰微，地方上的大族渔翁得利，他们的势力越来越大，活动的空间也越来越大。于是，东汉的政治场域，开始从中央向地方转移，这就是后来出现三国分裂局面的根源。

中央衰微，地方割据，需要中央统筹的事务无法进行，其中一项关键事务是对北方游牧民族的防御。汉帝国因内耗而衰弱，北方游牧民族大举南下，保持了上千年的边界线失守，游牧民族入主中原，进一步带来动荡骚乱，帝国时代结束，中国历史进入了新阶段，中古史开始了。

其实在东汉时就已经出现了一些中古史的前兆。比如，东汉的皇权已经不同于秦和西汉的皇权。差不多是从和帝开始，皇帝与外朝脱节，皇帝与帝国之间的联系，只剩下外戚和宦官这两个通道。即便朝仪没有什么变化，但皇帝与外朝百官已经逐渐没有直接关系了。

在这个过程中，皇权明显走向空洞化。基于外戚或宦官的利益，选立皇帝时，掌握实权的人倾向于选立年纪小的，甚至还会刻意选立身体较差的。和帝以下的东汉皇帝，从广义上说，都是病人，都不是身体健康、心理健全之人。在那样的权力斗争结构下，身体健康、心理健全的成年皇子反而不可能有机会当上皇帝。

被选立为皇帝的人，之所以能当上皇帝，正是因为他们无法独立行使皇权，无法具体领导帝国。也就是说，从表面上看，帝国一直都有皇帝，但从权力实际行使上来看，东汉王朝很长一段时间里，并不是由皇帝在领导。东汉激烈的政治斗争，争的其实就是“皇帝代理权”，也就是看谁能代替这个象征性的皇帝实际行使皇权。

当皇帝，按照明确的血缘和身份条件，没有几个人有资格。但是掌握“皇帝代理权”的人就没有这种限制了，宦官可以，皇太后可以，外戚也可以。这些人的身份和职责是模糊的，从来没有人将皇太后或国舅的身份和职责规定清楚，或者将宦官服务于皇帝的方式用白纸黑字写清楚。因此，一旦有“皇帝代理权”可供争夺，争夺的手段必定五花八门，争夺的过程也必然很惨烈。

09

清流品评搅局政坛

东汉后期，原本作为皇帝与帝国之间最主要的神经、肌肉与手足的外朝官僚系统，陷入了严重困境。他们无法直接向上与皇帝沟通，以至于不得不自我运作，但在自我运作的过程中，又受到越来越强大的大族侵压。

比较西汉与东汉，同职的官员，后者能做的事，往往比前者少了许多，因为很多事都落入大族手中，他们碰不到，也不能碰。他们在中央缺乏皇帝的支持，地方权力又不断被大族侵夺，这就逼迫构成官僚系统核心的士人，通过清议重新建立了一套精神价值体系，这套体系让他们普遍激进化，以激烈而不妥协的态度投入与外戚、宦官的斗争中，这造成了三败俱伤的结局，也拖垮了汉帝国。

流行的历史叙述将这些卷入与外戚、宦官恶斗的人，称为“清流”，并明确表现出对他们的同情，好像东汉末年的政治主轴，就是这群好人坚持原则，与外戚、宦官那群坏人抗争。我们不能说这样的叙述不对，但应该注意，这样的叙述很容易掩盖一些基本事实。

比如，清流是汉末政治斗争中的一个重要角色，并非如清流二字所呈现的那样超然不俗。清流进行斗争的主要手段是清议，清议对斗争的恶化产生了很深的影响。

清流就是臧否时事，品评人物，而臧否时事最重要的标准，其落脚点仍然是品评人物，也就是说，清流基本上是对人不对事的。清流建构了一套品评人物的价值标准和说辞，从表面上看是正常的对道德或品格的衡量，在现实中却往往变成政治斗争的工具，甚至可以说，清流建立这套价值标准的动机，本来就是政治性的。

这是一种支撑、抬高自我权力合法性的做法。在现实中，他们说来说去，符合标准，应该被称誉、彰显的，都是自己团体里的人；而敌对团体的人，几乎毫无例外都被品评为道德低下、人格低劣。有时他们还会反过来，直接用品评人物的道德说辞无分别地攻击对方，只要是不站在“我们”这边的人，就一定是品格有问题的坏人。

士族通过清议这种方式建构的这套具有高度攻击性的人物品评标准和说辞，在政治上破坏力极强，严格区分“我群”与“他群”，关上所有可能的缓和、协商、合作之门，使矛盾不断升级，其主调是高亢严厉，甚至是悲剧性的。

不过，如果抛开现实的政治效果，士族的这套新的精神价值体系同时刺激了个人主义的发展。个人主义精神是对大族的反动。大族中人的人生主要是由自己姓什么、属于哪个家族来决定的。一个人看待自己，别人看待一个人，首先关心的是这个人姓梁或姓邓，或是这个人属于窦家。这样的人没有太多个体性，没有什么真正值得突显的个人特性。

士人的人物品评反其道而行，强调一个人独特的人品和风格。一个人一定要有明显与别人不一样之处，能说别人说不出的话，能做别人做不了的事，能确立别人没有的风格，才会被认可为名士或清流。“清”对应“浊”而成立，“浊”基本上有两种指涉，一种是像外戚、宦官那样处在对立面的政治集团，另一种是平庸的行为举止和生活选择。

东汉末年发展出的这种个人主义精神，对魏晋思想产生了剧烈影响，在中国思想史上也有特殊地位。中国历史上的主流思想，大部分都带有重集体、轻个人的倾向，唯独在魏晋思想中，个人主义大放异彩，所以，唯独在魏晋时期才出现了像“竹林七贤”那样的人，也才会有陶渊明诗中所揭示的自然情调。而这样的个人主义，则起源于东汉末年的清流。

10

地方乱局与道教的兴起

从史书记录中可以看到，大约从公元 145 年之后，东汉出现了越来越严重的地方乱局。公元 145 年有马勉称“黄帝”；两年后，即公元 147 年，有李坚自称皇帝；公元 148 年，陈景自称“黄帝子”，同一年管伯将自己称为“真人”；公元 150 年，裴优称帝；公元 154 年，李伯自称“太初皇帝”；公元 165 年，盖登自奉为“太上皇帝”；公元 166 年，戴异也自称“太上皇”……

这些记录显示：第一，这些人眼中已经没有刘姓王朝了，他们在地方聚众集结，还没成多大气候，就大咧咧地自称皇帝了。回想一下，不久之前，梁冀在中央几乎垄断了皇权，从权力运作角度看，他才是实际的皇帝，所以前文说“整个政局其实处在一个变相的‘梁朝’里”，但梁朝毕竟没有出现，为什么？因为当时刘家的政权合法性依然稳固，就连梁冀这样嚣张跋扈而且握有实权的人，都不会想到也不会尝试取刘家而代之，自立为皇帝。

然而，情况很快就改变了。持续的皇权代理人斗争，让大家看清楚了中央没有真正皇帝的事实，皇帝的地位迅速降低，必须由刘家人来当皇帝的观念也瓦解了，以至于随便一个地方新兴势力，都毫不忌讳地就做了梁冀没做的事——公开称帝。

第二，这些人称帝的依据，也就是他们创建新王朝的想象，来自五行学说，来自道教。所以他们才会自称“黄帝子”，表示要以“黄”的“土德”来取代汉朝。自称“太初皇帝”或“太上皇”，并不是说他是皇帝的父亲，而是来自道教中“太上”“太初”的观念。

道教崇尚自然，认为世界有一套自发现运转的机制，人一方面要顺应这套机制，另一方面要利用这套机制。而自然规律的总和就是“道”，“道”的起源叫“太初”或“太上”，因而“太初”“太上”在道教的术语中就有了“终极”的意思。

刘家的天下动摇了，皇帝本应该姓刘这一观念遭到挑战，而新兴的挑战且动摇刘家天下的主要力量，与民间流传的五行和道教信仰有密切关系。

灵帝朝时，道教出现了一个重要的文献《太平清领书》，这部书共分十部——甲乙丙丁戊己庚辛壬癸，每一部有十七卷，一共一百七十卷。这部书的内容后来大部分已经逸失，只有少数片段保留在其他书中。就我们能看到的内容来说，《太平清领书》是汉朝四百年五行、感应思想的大集合，也是道教建立的思想基础。

贯穿《太平清领书》的核心概念是“自然”，相信世界有其必然的永恒规则，自然的规则反映在各个不同领域，包括物的领域和人的领域。人处于这个世界，最重要的就是学会运用自然的道理，创造对自己有利的条件。

人是自然的一部分，所以人该如何行为，追根究底应该回到自然的法则。《太平清领书》说：“人人自有筋力，可以自衣食者，而不肯力为之，反致饥寒，负其先人之体。”意思是，自然给了人肌肉、力量，让人可以生产换取衣食，如果有人不愿工作，以致受饥受冻，那就是违背了自然，辜负了自然通过祖先、父母给予他的身体和能力。

作为人的自然本性，人可以劳动，也应该借劳动养活自己，这是规范人的价值的核心原则之一。由这样的自然观，道教衍生出一种朴素的劳动价值信念：人具有的劳动的自然本性，人因不劳动而没得吃、没得穿，这可不是什么值得同情可怜的事，反而是应该被谴责的违背自然的罪过。

同样的观念，朝另一个方向延伸，就产生了另一种罪过：“积财亿万，不肯救穷周急，使人饥寒而死。”意思是，既然劳动是自然本性，是每个人都应该做的，那么不劳动却坐享财富，或靠着财富而不需要劳动，这也不符合自然规律。因此，积财亿万而不劳动的人，应该救赎自己，将财富拿去救济穷人，不能坐视有人饥寒而死。

这是从朴素的劳动价值信念导出的朴素的公平观念。

11

太平道的黄巾起事

这样的民间信仰，由钜鹿人张角大加运用。张角自称“大贤良师”，靠替人治病崛起。他的治病方式，首先是悔过，其次是符咒。生病的人到张角这里，他会让病人真心反省，想想自己做错了哪些事，若其有悔过之心，进行了特定的悔过仪式，他就会给这个人相应的符咒，这样病就能好了。

悔过可以治病，这背后的逻辑仍然是感应的观念。身体上的病，是人的行为、道德有所错谬的感应体现。行为和身体互相感应，一边错，另一边也就跟着错了。所以，要让身体恢复正常，一种做法就是先让行为恢复正常，如此感应改变身体。而符咒，则是协助加强或加快感应作用的手段。

张角能成“大师”，救很多人，靠的是强烈的心理暗示。他让人相信，人的病根就在于自己做过的不好的事，找到根源，靠悔过加符咒拔除根源，身体就会好起来。

“大贤良师”张角有了越来越多的信众，他便以《太平清领书》为理论依据，建立了太平道。太平道势力不断成长、扩散，很快就有了明确的目标。太平道的现实口号是：“苍天已死，黄天当立，岁在甲子，天下大吉。”这是太平道的一句谶语，是我们已经很熟悉的汉朝政治中的必要元素，有谶语不一定能当皇帝，但没有谶语就得不到支持，一定成不了大事。太平道的谶语很简单且明显：汉朝的“苍天”已经到头了，该让位给“黄天”，时间就在甲子年。

这个甲子年是公元 184 年，各地太平道信众串联，约定在农历三月初五举事。然而在正式举事之前，张角的一个弟子叫唐周，他向朝廷密告，于是朝廷发动大搜捕，张角当机立断，索性提前举事。张角自号“天公将军”，他的两个弟弟，张宝是“地公将军”，张梁是“人公将军”，他们合成天、地、人“三才”。因为他们以头上绑黄巾做标志，所以朝廷称他们为“黄巾贼”。

绑黄巾的做法源自太平道的谶语，然而张角等人以绑黄巾为反抗朝廷势力的标志，黄巾拥有了新的意义，后来不管与太平道有没有关联，到处都有人绑黄巾发泄对朝廷的不满。因而，和之前的举事者不同的是，太平道创造了黄巾标识，这种简单的方法引起连环响应，于是全国很快到处都有“黄巾贼”了。

张角领导的太平道不见得扩张得那么快，一下子就到各处建立组织，重点是朝廷太不得人心，民间多年积累潜藏的怨气，一下子借由黄巾爆发出来，人们绑上黄巾就能发泄怨气，又能隶属于一支庞大的势力，在团体中得到慰藉和保障。

黄巾势力到处出现，朝廷疲于应付，尤其是在朝廷近乎自我毁灭之后，能用来处理变乱的官员和资源越来越少。在危急局势下，灵帝只得下诏“赦天下党人”，并要求“公卿出马、弩，举列将子孙及吏民有明战阵之略者”，也就是朝廷暂停内斗，征调物资和效忠朝廷的人员对抗“黄巾贼”。

这份诏令是东汉末年局势的一个转折点，它产生的真正作用不是使原本已经残破瓦解的外朝系统得以恢复，而是对外朝势力进行了一次新的筛选。什么样的人能在外朝取得地位和权力呢？是“明战阵之略者”，即具备军事知识和作战能力的人，成了朝廷优先采用的人才。

同时，黄巾势力的本部从河北兴起，张角带领的部队后来在战略上犯了严重错误，他们往南进犯南阳、颍川地区。这里是东汉王朝真正的权力基础，不仅刘秀，还有很多与刘家共治的大族，都从这里起家。这些大族绝对不可能坐视自己的家乡被黄巾军破坏，于是，本来已经在洛阳与皇帝、宦官关系紧张的大族，积极征调所有资源与黄巾军战斗。这个地区发生了凶险的战役，张梁、张宝相继战死，张角也病死了，河北的黄巾军溃散。

河北的黄巾军从巨鹿出发，后在南阳、颍川瓦解，前后其实只有九个月时间。然而，这个过程引发了重大的连锁反应，在与宦官的权力斗争中处于下风的士族迅速地军事化。另外，黄巾军的称号四处散播，给了各地反抗势力一个共同的名号作为联结。

12

五斗米道与帝国分裂

河北黄巾势力溃散后，又出现了“黑山军”，其领导人是张牛角，另外有一个原本叫褚燕的，后来改叫张燕。褚燕改名体现了黄巾势力的影响，改姓张，是为了让大家以为黑山军与黄巾势力有关。

除此之外，还有山西的黄巾、青州的黄巾、徐州的黄巾、益州的黄巾也出现了，之后，汝南、颍川、扬州都出现了地区性的黄巾。从公元 184 年开始，到处都是黄巾，主要是各地反抗势力一冒出来，就都绑上黄巾，称自己为黄巾军，立即与其他地方的反抗势力有了精神上的联系，以及未来结盟的可能性，使得朝廷在镇压上防不胜防，疲于奔命。这种状况持续了七年。

公元 191 年，巴蜀地区出现一股新势力 ——五斗米道。五斗米道的核心人物是张鲁，又是姓张，从此以后，中国道教最重要的姓就固定为“张”了，道教的核心人物，是一代又一代的“张天师”。“天师”一定姓张，不可以姓别的姓，比如张三丰、张无忌不可能改叫“王三丰”“李无忌”。

张鲁自称“师君”，加入五斗米道的人自称“鬼卒”。在汉朝人的信仰中，鬼是因为有怨气，有不平，所以还留在世间游荡的。叫“鬼卒”的这群人的确是带着深厚怨气的，他们的中层领袖叫“祭酒”，也就是以仪式来统领鬼的人。这真是个鬼影幢幢的组织啊！

要参加五斗米道，只有一个条件——带五斗米来。这是一个公社团体，大家靠新加入的人带来的米共同生活，只要一直不断有新人带米进来，团体里的人就不必生产也有饭吃。

五斗米道是比太平道更朴素、更草莽的一股力量。太平道还讲感应，还用《太平清领书》，五斗米道则是一群活不下去的“鬼”，主要是“饿鬼”，集结在一起，靠着吸引同样活不下去的人共同找出路。团体扩张速度快时，以新人带来的五斗米维持生活，当团体扩张变慢时，没那么多五斗米养活越来越多的人，这群人当然就要从外面抢食了。

这简直就像电影画面一样：一大群活着却当自己死了的人，漫山遍野地走着，这是死者行进的行列，带着浓厚阴森意味的“鬼卒”出动，也就象征着汉朝即将结束，汉朝的丧钟已经敲响。

东汉在成立之初，就埋下了一个祸乱之根，那就是朝廷不管土地兼并问题，没有任何处理土地兼并的政策。靠着农业生产技术的不断进步，普通百姓勉强还能在兼并的畸形状态下维持生活，但经过一百多年的剥夺，百姓撑不下去了。很多人面临着活不下去的困境，更多人感受到强烈的被剥夺感，在极端状态下，他们觉得在这样一个社会里，自己生不如死，过的不是活人的日子，所以他们才愿意奉献出手上仅剩的五斗米，逃入五斗米道去当“鬼卒”。

五斗米道出现后，汉末乱局又有了新的发展，朝廷无法从中央征调人员、物资应付各地骚动，只好靠不断武装化的地方大族进行局部平乱。地方上的大族势力快速扩张，而且变成地方军事团体，朝廷不得不减弱对地方的控制。

于是，东汉末年出现了州牧。州牧是朝廷为了应付地方骚乱而设的军事职位，将该地的官僚和税赋体系全权交由州牧支配。州牧掌握地方的人事、财政、军事大权，实际上成了割据地方的军阀。朝廷授权给州牧很容易，但要将州牧的权力收回，那就简直不可能了。

一统的汉帝国因此分裂了，虽然刘家皇帝还在，但是本来和皇位紧紧结合在一起的皇权和帝国版图，都已经变质走样了。

汉画像石拓片《战争图》

汉画像砖拓片《宴饮舞乐百戏图》

第 六 讲

《三国志》与《三国演义》大不同

01

前四史的崇高地位

在中国史学传统中，有四部史书——《史记》《汉书》《后汉书》《三国志》被放在一起，不仅被当作中国正史的起源，也被认为是中国史书的杰作，到了现代还被看作中国人文养成的必读书籍。

即使经过这么多年，即使经过包括“五四”在内的各种运动，至少在台湾，到我这一代受教育时，正史，尤其是“前四史”的崇高地位仍然不可动摇。将近三十年前，我进入台湾大学历史系，很快就听说有一位传奇的学长，赢得了同学乃至老师的敬畏，理由就是他在念本科时，就将“二十二史”（没有“二十四史”中的《旧唐史》和《旧五代史》）从头到尾读完了。他住在八个人一大间的宿舍里，宿舍里当然吵吵闹闹，人来人往，他在自己的床头特别贴了一张告示，请找他聊天的同学，说话时间不要超过十五分钟。

这位传奇学长是王汎森，后来他成为台湾“中央研究院”的副院长，成了一个真正的大学问家。不可否认，他的学问基础应该有一大部分是靠读“二十二史”打下来的。我们绝大部分的人，没有他那样的毅力和工夫，我们读不完“二十二史”，但至少该把“前四史”从头到尾读完吧！在历史系学了四年，要是连“前四史”都没读过一遍，也不太好意思让人家知道。

我这一代人仍然能感受到“前四史”巨大的魅力。《史记》是具备高度开创精神，又呈现出惊人完整性的伟大作品，毫无疑义。《汉书》也有明确的历史地位，它是中国第一部断代史著作。

《史记》是通史，它将中国人的历史从头讲起，一直讲到史家自己生活的当下。太史公司马迁去世之后，历史还在继续发展变化，通史就应该往后延伸，所以很自然，有人将《史记》继续写下去。刘向、刘歆父子续过《史记》，扬雄续过《史记》，冯商也续过《史记》。还有一个续《史记》的重要人物是班彪。

班彪是班固的父亲，他接着《史记》写了六十五篇，他的儿子班固继承了父亲的工作。不过班固差点被这件事害死，有人到皇帝那里告状，说班固“私作史记”，意思是他胆大妄为，竟敢以私人身份、立场写历史，评判历史，班固因之下狱。

在班固的时代，“私作史记”已经被定为禁止的事了，禁止的理由是写当代历史往往涉及对皇帝和王朝的评判，大不敬。班固后来能平安出狱，是因为班超努力为他辩解：第一，他只是继承了父亲的文稿，很多“私作”不是他写的；第二，更重要的是，他没有写当代的历史，从他父亲到他，都只是对《史记》中缺漏的历史进行补充而已，没有写东汉当朝的历史。

班固被放了出来，因祸得福。朝廷认识到班固有历史记述的家学背景，又有一定的历史写作能力，就让他参与记录东汉开国历史的工作。班固因此逐渐取得信任，最后获得了一项特殊任务，那就是完成西汉的历史记录。

02

班固《汉书》与断代史传统

《汉书》建立了断代史或朝代史的观念，以一个朝代的历史作为书写历史的基本单位，这是一个重大突破。在班固完成《汉书》之前，大家理所当然的想法，都还是将通史往后写，一直写到当代。这样的历史书写模式，必定让当权者不安，没有任何握有大权的人，喜欢被底下的人评价，更何况这样的评价会以历史的形式长期流传。

在皇权高压和史家生死忧患的张力之下，产生了“断代史”的妥协，这相当于史家放弃书写当代历史，将历史书写的对象明确地定义为“前朝”，也就是已经结束了的、如今已不存在的朝代，才被写进历史，成为史家记录和评判的对象。这样做可以让当权者放心，同时当权者也放弃了全面管控当代历史写作的企图，而是将之交给后人处理。这样的观念，相当于暂时搁置当代史，有助于解决政治权力与历史记录之间的冲突，这是中国史学得以成长的关键因素。

断代史写的是前朝的历史，断代官书则是政治权力与史家对前朝历史的共识。史家凭借的是他的专业历史书写，不过他的书写工作是由政治权力许可的，当然也就必须接受政治权力的审查。

《汉书》是班彪和班固创作的，但在写作动机上与太史公写的《史记》很不一样。《汉书》绝对不可能“成一家之言”，它体现的不是班氏父子个人的看法，而是当权者假手他们找到的集体共识。

《汉书》有关汉武帝之前的人和事，几乎照抄《史记》，这就是明证。既然《史记》中这部分内容已经广为流传且为大家所接受，班固就没有必要也没有道理撰写自己的版本，因为《汉书》要呈现的，不是班固所知所见的西汉历史，而是当权者认定能够接受和应该接受的西汉历史。

从《汉书》开始，所谓历史书写，就是从别人已经写好的、已经固定了的叙述继续往后写，不改动前面的书写，而是整理后面还未固定的材料，将之固定下来。所以《汉书》真正重要的部分，就是太史公司马迁无法记录的部分，也就是从汉武帝后期直到王莽崛起、西汉灭亡的历史。

03

比较《史记》与《汉书》，古已有之

在中国的文史传统中，一直存在一个热门话题，就是“史汉比较”——比较《史记》与《汉书》的异同优劣。前者是最早也最重要的通史，后者是最早也最重要的断代史，而且两部著作的内容又有相当程度的重叠，特别适合拿来做比较。越是进行“史汉比较”，就越是抬高了《史记》和《汉书》的地位，也将这两部史书与其他史书区别开来，使之成为中国史学经典中的经典。

“史汉比较”，大体而言，唐以前对《汉书》的评价总体上高于《史记》，唐中期古文运动兴起后，尤其是宋朝以后，就逆转为对《史记》的评价高于《汉书》了。

“史汉比较”的一些主题，早在六朝时就确立下来了。《后汉书》的作者范晔，他是南朝刘宋时代的人，曾经精要地描述：“迁文直而事核，固文赡而事详。”（《后汉书·班彪列传》）意思是，司马迁的文章直率，没有太多文藻装饰；相对而言，班固的文章丰美华丽，对事情的描述也比较详细。这也就部分说明了，为什么六朝人对班固的评价比司马迁高，因为班固“文赡”，而丰美的修辞正是六朝文学追求的目标。

范晔又说：“固之序事，不激诡，不抑抗，赡而不秽，详而有体，使读之者亹亹而不猒。”意思是，班固的历史叙述不偏激，不强调奇诡的戏剧性，不带太多情绪，详尽丰富却又巧妙地排除了那些污秽不方便言说的事，有一定的规矩，让读者读来很享受，愿意一直读下去。这些对班固的称赞，同时也是对司马迁的批评。司马迁的叙事有较强的戏剧性，行文时带情绪，另外，司马迁并不避讳一些肮脏不方便言说的事。

范晔为了写《后汉书》，曾经认真研究过汉朝的种种著作和史料，他对班固的看法，确有见地。他称赞班固的叙述，却批评班固对史事的评论。他说：“然其论议常排死节，否正直，而不叙杀身成仁之为美，则轻仁义，贱守节愈矣。”范晔认为，班固评断人的标准有问题，很不重视死节之士，不记录他们的事迹，而且在评论中反对他们的行为。

关于班固的史论态度，比范晔更早的西晋文学家傅玄就有过类似的批评。傅玄说：“论国体，则饰主缺而折忠臣。叙世教，则贵取容而贱直节。述时务，则谨辞章而略事实。”傅玄认为，关于朝廷的政治得失，班固倾向于美化皇帝，苛责大臣；关于思想教化，班固喜欢圆滑世故却贬抑坚持原则的正直品质；关于现实描述，班固习惯写中规中矩的文章，却没有具体的事实铺陈。

班固的历史叙述写得很好，但他的评论有问题。叙述需要的是写作的工夫，评论考验的却是道德和善恶是非。于是，班固的评论难免引发人们对他品格的质疑。

钱穆先生在《中国史学名著》中，就直接表达了对班固为人的不满。在《史记》中，司马迁郑重其事地将自己的史学基础和追求，推源至父亲司马谈，但《汉书》提到班彪时，班固写的是“司徒掾班彪”。钱先生以此比较，看出司马迁与班固在心术上大不相同。

总体来说，《汉书》的立场的确与《史记》大不相同。但造成差异的，与其说是司马迁和班固的品格高下，不如说更重要的是《史记》是私人著述，而《汉书》则是官修史书。司马迁个人所持的价值观，有很大一部分是批判皇权，甚至是与皇权对立的，他可以大胆无忌；而官方立场的《汉书》，就没有容纳这种意见的空间了。

官修史书提及君臣关系，当然是站在国君这边，会抬高皇帝且不会刻意彰显大臣。既然是官书，它当然不能像《史记》那样表扬刺客，也不能强调死守原则的重要性，而是突显人要识时务，要有一定的世故圆滑，才能为帝王提供更好的服务。

换句话说，这不是班固的问题，而是正史具备了官书性质后产生的普遍问题。《汉书》采取的立场，也被后来的正史继承，除了少数几部有突出表现之外，整体来说，正史从此走了一条“皇权本位”或“皇帝本位”的基本路线，《汉书》不过是开启这种传统的

第一部史书。

从这个角度看，《史记》绝对是独一无二的。《史记》“通古今之变”的“通史”精神，还有《史记》“成一家之言”的独立判断精神，都随着司马迁及身而终，后来就彻底消失了。之后，虽然后人编排正史，将《史记》摆在第一本的位置，但其实其他正史在这两项精神上，非但没有继承《史记》，反而与《史记》有很大差别。

司马迁自觉地继承《春秋》，坚持建立一套不依附于权力的独立判断标准，这种崇高的追求，在后来的中国传统中，只被当作一个理想保留着，不再是史学实践中真正的指导原则。《汉书》以降，就没有太多史书是以司马迁式的精神书写的了。

04

《汉书》的“志”是一项独特贡献

不过，在“史汉比较”中，班固在一个点上明确优于司马迁，就是《汉书》里的十“志”，比《史记》里的八“书”更完整，更重要。

《史记》的八“书”中，有《封禅书》，里面详细记录了汉武帝近乎荒唐的迷信行为，以及他追求长生不老的经历。司马迁原本写的《今上本纪》，显然因其触犯禁忌，在流传过程中亡逸，后来褚少孙将《封禅书》的内容，拿来填充《今上本纪》。《封禅书》虽然写的是自古以来封禅的制度沿革，但其中最精彩、最丰富的内容毕竟集中在汉朝，尤其集中在司马迁自己经历的武帝朝。写武帝朝的封禅之举，司马迁并未局限在封禅上，而是将帝王封禅以外的种种迷信行为也写进去了。

类似的情况也出现在《平准书》中。封禅在秦汉都有特殊意义，平准则是武帝时才发明的举措制度。《平准书》写的是武帝一朝特殊的国家经济和财政制度，也就是说，虽然《史记》是通史，但《史记》里的“书”，并非采用通史笔法，它记录的是断代的制度举措。

《汉书》中没有《封禅书》，有《郊祀志》；没有《平准书》，有《食货志》。光是名称上的改变，就看得出班固的用心：他要记录更广泛、更普遍的朝廷“郊祀”制度；他要记录更广泛、更普遍的经济状态，或用今天的概念来说，他要写经济史。

有趣的是，《史记》整本书的体裁是通史，但其中几篇“书”只写了断代史；反而，《汉书》的体裁是断代史，其中几篇“志”却超越断代的限制，写成了制度通史。因此，《汉书》的“志”可以有效地补《史记》的“书”之不足。

《汉书》还开创了两个对后世影响甚大的“志”，一个是《地理志》，一个是《艺文志》。《汉书·地理志》传承了《尚书·禹贡》的精神和笔法，主要记录地区间的差异。汉帝国太广大，不同区域千差万别，而自然风土影响人的生产活动和社会习俗，这些就构成了《地理志》的内容，进而成为中国历史地理学的基础文献。历朝历代史书中的《地理志》保留了过去的地名、地貌、生产、习俗等情况，我们可以据此追索自然与人文的各种互动。

《艺文志》则是当时的书籍总目，它对那时候流传的书籍进行统计和分类。将《汉书·艺文志》与后来的《隋书·经籍志》对读，我们就能清楚地看到魏晋南北朝书籍、学问、思想发展变化的大概情况。而且《艺文志》也清楚地呈现了古代中国人对书的态度。

《史记》和《汉书》的确都有特殊的分量和地位，而这两部史书又都是在汉朝完成的。汉朝有前汉、后汉，或曰西汉、东汉，所以读过记录前汉的《汉书》后，我们会好奇记录后续历史的《后汉书》都有些什么内容。

05

《后汉书》的风格特色

范晔的《后汉书》有一个严重的缺点：这部史书只有纪和传两大部分，只写人物，没有其他内容。另外，这部史书成书较晚，一直到南朝刘宋时期才出现，而此时后汉已经灭亡好久了，三国和魏晋都已经成了历史。与《史记》《汉书》相比，《后汉书》最大的问题在于它没有开创性，无论是体裁还是写法，它都没有增添新鲜的元素。

不过在传统上，读书人对《后汉书》评价甚高，其中一个关键因素是，范晔生活的时代——南朝，是中国文字和文学发展的一个新高峰，非常讲究文字和文学的形式之美。范晔一方面承袭那个时代的文风，另一方面却并不完全认同那个时代的写作风格，有自己的特色。

关于范晔的个人资料，历史上留下来的并不多，其中最重要的首推他的《狱中与诸甥侄书》。这封信是他在坐牢时写成的，后来他死在狱中。信为什么要写给“诸甥侄”呢？因为他没有亲生子嗣，当他预见自己的生命快要结束时，他只能将想说的话说给“诸甥侄”听。

他在信中提到创作《后汉书》的动机：“……常耻作文士。文患其事尽于形，情急于藻，义牵其旨，韵移其意。”范晔不喜欢当时文士写文章的方式，常常以自己的文士身份为耻。当时文士写的文章迁就固定的格式，文章的形式、音韵、华丽修辞，比文章要表达的内容更重要：为了使用华丽的辞藻而扭曲情感，为了配合表面的形式而扭曲主张，为了遵循刻板的音韵而扭曲思想。所谓“事尽于形”，也就是文章只注重表面形式，却忽略了内容。这是文士文章的大问题，也是他看不起文士也不想当文士的原因。

不过如果我们看得更仔细些，我们会发现这段话本身就带有矛盾。范晔要表达的是对当时文风的不满，然而他自己的文句，基本上还是用当时流行的“四六文”或骈文形式写的。

“事尽于形，情急于藻，义牵其旨，韵移其意”，这是非常整齐的四字一句的堆砌，而且范晔表达的是一个批评意见，却将之拉长为四句，每一句都是固定的四个字，四句话遵循同样的“主词—谓词—虚词—受词”，甚至前两句的虚词同为“于”，后两句的虚词同为“其”。如此赘述，显然不是为了将话讲清楚，而是为了追求整齐的形式和好听的音韵效果。

换句话说，范晔用来表示反对藻饰风格的话，却仍然不自觉地采用了这种风格。这是时代潮流带来的巨大影响，很难由个人主观意志自觉改变。他在这样的时代里，无可避免地受这种时代风气的限制。

范晔在信中还说："常谓情志所托，故当以意为主，以文传意。以意为主，则其旨必见；以文传意，则其词不流。然后抽其芬芳，振其金石耳。"他要确立文章的先后本末："意"是目的，"文"是手段，"文"必须配合、传达"意"，不能本末倒置；"文"应该帮助"意"增加美感，就是形象和声音上的美，而不该喧宾夺主。

范晔一方面是六朝文人，另一方面他又自觉地要超脱对他产生深刻影响的六朝文学风格。《后汉书》的特殊成就，正出于他的这种矛盾和挣扎。他浸润在雕琢的文字和声韵中，使用的不是司马迁那样质朴而精确的语言，然而他又试图将自己从这种风格中解脱出来，这种矛盾反而让他的《后汉书》有一种特别的意味。

《后汉书》当然会让我们了解到后汉发生的事情，但我们也了解到范晔记录这些事情所使用的文体。范晔的个性化创制是在文体上，而非史学体裁上，从这点看，《后汉书》是有资格与《史记》《汉书》并列的。

06

《三国志》如何进入“前四史”

为什么《三国志》也在“前四史”之列呢?

陈寿在西晋时期写作《三国志》,与范晔写作《后汉书》时遇到的问题恰恰相反:范晔身处的时代远离他写作的时代,而陈寿所处的时代太接近三国了,他没有足够的时间思考、消化历史材料。《三国志》的文本相对粗疏,大部分的传都很简略,也没有特别的文采,在文学史上也说不上有杰出的成就。从史学上看,陈寿也不曾在这部史书中提出独特的洞见或创意。

如果单就文本而言,《三国志》与《史记》《汉书》《后汉书》确实不在一个等级上,将它放进“前四史”,的确很勉强,太抬举它了。为什么在传统上人们如此高估《三国志》呢?

一个不能不提的理由是,作为一部史书,严格来说,《三国志》

的作者不只陈寿一个人。唐朝以降流行的《三国志》，作者名字写的都是陈寿，然而人们读到的流通版本，陈寿创作的部分其实不到四分之一，书中约四分之三的篇幅是由一位大约与范晔同时期之人裴松之完成的。

陈寿的运气好，裴松之费大工夫为《三国志》做了详尽的注释。在裴松之生活的时代，他还能看到许多与三国相关的材料；在裴松之生活的时代，人们对史学观念进一步进行探讨；另外，裴松之生活的时代已经和三国拉开了一个可以沉淀观念、客观评判的时间距离。这几个关键因素，使得裴松之具备了比陈寿更好的史学条件。

但裴松之选择的不是自己另写一部关于三国的史书，而是为陈寿的《三国志》做详尽的注释。“传注”在中国书写历史上源远流长，不过传或注，过去针对的都是经，是解经的重要工具。裴松之却挪用解经的手法注释一部史书，光是这样的做法，就抬高了《三国志》的地位。

不过，裴松之为《三国志》所做的注，在写法上、目的上都与解经的注大异其趣。他做注的目的不是要让人读懂陈寿的原文，或发掘陈寿原文中有什么深意，而是要补充《三国志》的内容，将许多新材料添加到《三国志》中。

裴松之自觉地将他所做的注分为六类：第一类是“引诸家之论，以辨是非”，引用各种不同说法，分辨真正发生了什么事；第二类是“参诸家之说，以核讹异”，对比各家不同说法，将陈寿的错误纠举出来；第三类是“传所有之事，详其委屈”，将陈寿记录的事情，用其他史料将事情的来龙去脉说得更清楚；第四类是“传所无之事，补其阙佚”，将陈寿没写到的事情，用其他史料进行补充；第五类是“传所有之人，详其生平”，将陈寿写过的人的生平描述得更完整；第六类是“传所无之人，附以同类”，将陈寿没写的人的事迹附加在相关人士的传记之后。

由他说的这六类注，我们就知道：第一，按裴松之的标准，陈寿的《三国志》其实写得很粗，需要以他所掌握的史料，仔细订正和补充；第二，裴松之主要是把《三国志》当作底本，以便将自己看到和收集来的各种新材料加进去。

裴松之将这些材料加进去之后，《三国志》实际上变成了另外一部史书。而且在裴松之注完《三国志》后，经过从南北朝到隋朝、隋朝到唐朝的大动乱，裴松之看过的许多材料纷纷逸失，随着时间推移，保留在《三国志》注释中的史料就越来越珍贵。

《三国志》被列入“前四史”，主要功劳不在陈寿，其实裴松之的贡献更大。值得好好读的，不只是陈寿的文本，还要读裴松之搜罗、附加的丰富注释。原书加注释的《三国志》，才算得上具备崇高史学地位的《三国志》。

07

《三国志》与《三国演义》

《三国志》如此重要的另一个理由，容我引用毛宗岗的观点。明朝时，金圣叹将《三国演义》评为“第一才子书”，毛宗岗就写了一篇《读〈三国志〉法》，假托金圣叹之名发表。毛宗岗文章标题提到的《三国志》，指的不是陈寿写的史书，而是罗贯中的小说《三国志通俗演义》，也就是我们今天所熟知的《三国演义》。

毛宗岗有些精彩的论述，他说：“古史甚多，而人独贪看《三国志》者，以古今人才之聚，未有盛于三国者也。”意思是，《三国演义》吸引人，有其时代的因素，三国是一个人才辈出的时代，历史上没有比它人才更多的时代。

“观才与不才敌，不奇。观才与才敌，则奇。观才与才敌，而一才又遇众才之匹，不奇。观才与才敌，而众才尤让一才之胜，则更奇。”代代皆有天才，但如果天才遇到的都是不才，这就没有什么稀奇的。天才与天才互相竞争，那就好看了。更好看的是，不只是一个天才与另一个天才竞争，而是一群天才与另一群天才抗衡，这就不得了。然而三国比这更令人惊奇的是，一群天才与另一群天才抗衡时，竟然有一个超级天才凌驾于所有天才之上！

毛宗岗接着说："吾以为三国有三奇，可称三绝：诸葛孔明一绝也，关云长一绝也，曹操亦一绝也。”他认为三国的天才人物中，有三个特别的“奇才”，而且这三个奇才各有不同的奇法：诸葛孔明是古往今来第一“贤相”，关云长是古往今来第一“名将”，曹操则是古往今来第一奸雄。

这“三绝”，任何读过《三国演义》的人应该都有深刻印象，但毛宗岗要提醒的是，“三绝”固然最突出，但若是与“三国之前、三国之后”的时代对比，那么三国时代值得一提的人才就太多了，我们不能只看到“三绝”。

“三国之前、三国之后”的时代，运筹帷幄的有像徐庶、庞统这么厉害的吗？行军用兵的有像周瑜、陆逊、司马懿这么厉害的吗？料人料事的有像郭嘉、程昱、荀彧、贾诩、步骘、虞翻、顾雍、张昭这么厉害的吗？武功将略的有像张飞、赵云、黄忠、严颜、张辽、徐晃、徐盛、朱桓这么厉害的吗？冲锋陷阵的有像马超、马岱、关兴、张苞、许褚、典韦、张郃、夏侯惇、黄盖、周泰、甘宁、太史慈、丁奉这么厉害的吗？

毛宗岗这样罗列下来，列出了一百多个名字，他认为在“三国之前、三国之后”的各个时代都没有这么多各方面的厉害人才。

为什么三国人才如此之盛？其中一个答案是，因为《三国演义》写得好。《三国演义》是小说，罗贯中用小说笔法，用杰出的戏剧性表达，夸大这些人的厉害之处，让读者看了觉得惊讶、感动，从而留下深刻印象。

但让我们更深地思考这个问题：成功地描绘出这么多人才的《三国演义》，为什么选择了三国而不是其他时代作为时代背景？原因或许是历代说书人对故事反复琢磨，再加上罗贯中的绝妙写法。不过，把同样的因素用于写别的时代，也能产生同样的效果吗？

实际上，在说书人的传统里，中国历史基本上已经用这种历史通俗演义的方式从头到尾讲过一遍了，但为什么偏偏是《三国演义》从所有的“演义”中脱颖而出，且最受欢迎、最得赞赏呢？

这样问，我们便会走向一个关键点：《三国演义》当然有虚构和夸大的成分，但书中所写每一个人，即毛宗岗上述罗列的每一个人，都是史书有记载的真实人物。三国的确是一个人才辈出的时代，而三国出人才，尤其出多元人才的原因之一是，那是一个打破了原有秩序的乱世，更重要的原因是，那是一个极度重视人才的时代。

08

汉朝以后的人物品评风气

在史学体裁上，《汉书》有一个与《史记》的不同之处，就是《汉书》列了一张《古今人表》。《古今人表》极为有趣，其主要用意是将历史人物进行高下分类。《古今人表》除了分别“古今”，其特殊之处在于将所有人物分成九等——上上、上中、上下、中上、中中、中下、下上、下中、下下，这也就是后来九品中正制采用的九等格式。

《古今人表》的主要作用，不是方便查考人物的时代先后顺序，而是整理对所有人物的评价，让读者一目了然地知道对谁的评价更高，谁比谁更优秀。这是人物评价的总表。大家很容易猜到，尧、舜、禹、汤一定都被列在“上上”，夏桀、商纣一定属于“下下”，这是大家普遍认同的。但其他人呢？什么样的人应该被列在“上中”，什么样的人应该属于“中上”，大家各有标准，这岂不是很麻烦，会惹起很多争议吗？

班固会不怕麻烦也不避争议地在《汉书》中列出《古今人表》，这充分反映出东汉时，重视人才等级的风气已经形成。这样的风气，以及相应的人才等级观念和品评方法，经过东汉末年两次党锢之祸以后更加发达，塑造了魏晋时期重视人才，并对人才进行热烈讨论的风气。

重视人才对当时社会产生了巨大的影响，其中之一是它使每个人都有强烈的自我意识，认真思索自己要成为一个什么样的人。当时的人高度自觉，因为他们的言行随时都会成为别人评判的对象。一个人说了什么，做了什么，不是这个人自己的事，而是会被其他人当作证据，根据人才评价系统调整对这个人的看法，以及将这个人置于什么等级上。

党锢之祸发生时，那么多人宁可被抓甚至被杀，都要维持清流的立场，就因为他们最重要的社会资产是声望，也就是别人对他们的评价。人物品评是清流的核心活动和核心精神来源，由《古今人表》到清流、清议，人物品评其实一脉相承。

那个时代的士人格外看重人物品评，严格区分“清”“浊”，分出高下等级，这又与世家门第有关联。豪族崛起靠的是土地和财富，豪族中后来又出现了“累世经学”，他们也有土地和财富，但在土地和财富之外，他们还加上了学问，于是特别突显自己的学问和根据学问所应遵循的行为原则，以此与其他豪族区分开来。

用这种方式评判人物，不管是将人物分为“清”“浊”，还是像《古今人表》那样把人分成九等，其实都是很粗暴的做法，忽略了人的复杂性。后来逐渐出现两个必然的变化，一个变化是与人物评价相关联的党人对立越来越激烈。人物评价涉及“我们”“他们”的区分，也就是将自己人列为好人，将对立方列为坏人，双方互相激烈攻讦，以不同的标准评判人物。

清流强调道德、品格，以此睥睨社会，将别人都评为“浊”，这种态度引发强烈反弹，所以曹操的“求才令”故意突显“能”，将能力标准提升到品行标准之上，这是特别用来讽刺清流，对抗清流评判人物标准的。

另一个变化是评判人物的标准逐渐细腻化，逐渐趋近于现实所见之人的复杂性。仅仅区分“清”“浊”，或好人、坏人，或用同一套标准把人分为九个等级，不足以应对现实的复杂情形。于是这套评判体系发展出个性分析，不仅评判人的品行或能力高下，还要看到人的多元性，比如某人有怎样的优缺点，什么个性的人适合做什么样的事，在哪些方面容易取得成就，可能会犯什么错误等。

这就是刘劭《人物志》的内容定位。这部著作用清晰明确的语言对人进行人格分析，将人物分类，并提供现实的建议，既有益于自我修养，又有益于选人任人。本系列书第六册《大分裂时代》将对此进行专门叙述。

三国乱局时，统治者普遍重视人才，中国社会已经出现了这样的人物分析系统，有助于对人才的研究和理解。

《三国演义》比《三国志》更精彩，甚至提升了《三国志》的地位和重要性，这是事实。但我们不要忽略另一个事实，那就是

《三国演义》能写得那么精彩，的确有其历史基础——三国的确是一个重视人才、盛产多元人才的时代，这样的时代条件，让没有太高史才和史识的陈寿，也能写出内容丰富且好看的《三国志》，而罗贯中的戏剧性叙事技巧和刻画人物的天分，也在《三国演义》中发挥得淋漓尽致。

09

毛宗岗品评三国

毛宗岗罗列三国重要人物之前，首先说："读《三国志》者，当知有正统、闰运、僭国之别。正统者何？蜀汉是也。僭国者何？吴、魏是也。闰运者何？晋是也。"三国，顾名思义有三个政权，但三个政权不应该被平等看待，要分辨正统、闰运和僭国。毛宗岗认为，蜀汉是正统，吴和魏是"僭国"，而晋则是闰运者。

为什么这样分？"论地则以中原为主，论理则以刘氏为主，论地不若论理。故以正统予魏者，司马光《通鉴》之误也。"意思是，若从地理上看，中原是中心，蜀偏处边陲，但不能只考虑地理，还要论"理"，这个"理"则是从东汉延续下来的以刘姓当皇帝为正统。毛宗岗认为司马光的《资治通鉴》采取了地理的原则，以曹魏为正统，而犯了错误。

他接着延伸对正统的议论："秦不过为汉驱除，隋不过为唐驱除，前之正统以汉为主，而秦与魏、晋不得与焉，亦犹后之正统以唐、宋为主，而宋、齐、梁、陈、隋、梁、唐、晋、汉、周俱不得与焉耳。且不特魏、晋不如汉之为正，即唐、宋亦不如汉之为正。"要说正统，最正统的就是汉朝，连唐、宋都不及汉，遑论秦、晋、隋。汉朝是正统中的正统，讲正统，就该围绕这个朝代。

秦附着汉，隋附着唐，秦和隋都只能算是正统的前奏或序文。魏、晋则算是汉的遗绪，其他各朝相较之下，都不算正统。不仅如此，汉、唐两朝也不能完全等量齐观，汉甚至比唐更正。所以刘家宗亲建立的蜀汉政权接续汉朝，按上述标准应该是正统，应占据历史中心的地位。《三国演义》的一个长处就在于明确地以蜀汉为中心，为正统。

毛宗岗的文章还有一句话："《三国》一书，有巧收幻结之妙。"什么叫"巧收幻结"？他解释，读《三国演义》的人，心里必然有一个正面的期待，希望被视为正统的蜀汉统一天下，希望诸葛亮六出祁山可以扭转劣势，最终打败曹魏，复兴汉朝。而读《三国演义》的人，心里也必然有一个负面的拒斥，最不想看到奸雄曹操建立的魏，消灭蜀和吴，然而最后的结局竟然是，这两种状况都没有出现！

统一江山的是司马家，这叫作"巧收幻结"。读《三国演义》的人，对司马懿没有那么深的印象，更不会像讨厌曹操那样强烈地讨厌司马家。司马家篡魏，夺走了曹魏的江山，给了读者大快人心之感。读者虽然不能看到蜀汉胜利，但也不必忍受曹魏得逞，而且这个结局还不是写小说的人捏造出来的，而是历史的事实。于是，在阅读过程中，读者还一并体会了“造物者之巧也”。

10

三国观念是历史一步步架构出来的

《三国志》最特殊的历史见识，表现在三国的断代概念上。陈寿在晋朝写三国史，那时候范晔的《后汉书》还不存在，如果他要写的是前面已经结束了的朝代，照理说应该是后汉。就算以晋朝为本位考虑，要写被晋朝取代的政权，那陈寿该写的是曹魏的历史。

在体例上，《三国志》的本纪的确是以曹魏为主，但陈寿没有将这部史书称为《魏书》或《魏史》。他看到的，以及他要突显的，是一个分裂的时代。他不仅要记录一个朝代，更要记录一种状态或一个主题。这个主题是三国并存，三国之间复杂的外交、军事、人才交流和冲突等。在这个主题之下，历史事件具备特殊的戏剧性，这使得三国的历史叙述格外吸引人。

三国的形成，其实是从东汉末年中央政治崩盘开始的，经过州牧们的地方割据，众多地方势力彼此角力、倾轧、并吞，最终形成三个主要的政权。三个政权并存一段时间后，终究还是由兴起于曹魏的司马家完成统一。

这样的过程，不只发生在东汉末年。唐中叶以后的藩镇割据到五代十国再到赵匡胤统一全国，或元末群雄并起到朱元璋的统一，都有相似的发展模式。然而，无论是唐末，还是元末，这两个时期的历史都没有人用《三国演义》一样戏剧性的方式进行讲述，我们对这两个时期的印象就不如对三国历史那样觉得有趣且亲切了。

从《三国志》到《三国演义》，我们能够察觉到其中一个关键点是，三国其实是被各种观念架构出来的，并非单纯的历史事实。诸葛亮提出“隆中对”时，三国并不存在，当时仍是东汉末年各方混战的局面，因而诸葛亮才会被视为先知。在这个过程中，董卓、吕布、袁绍，还有后来的刘表、曹操，都是一方之雄。如果以《三国演义》为准的话，真正的“三国鼎立”，迟至该书第七十三回才出现，回目是“玄德进位汉中王，云长攻拔襄阳郡”，到此蜀汉才正式成立，才出现魏、蜀、吴三国鼎立。

从第七十三回三国形成，到第一百零五回蜀汉灭亡，严格说来，《三国演义》一百二十回的内容，其实只有三十三回，也就是不到三分之一的篇幅是真正描述三国鼎立的状态。其他部分的内容，尤其是占最大分量的，其实是在讲三国的形成，即三国前传。

更进一步说，罗贯中将黄巾起事之后的汉末历史，写成了一个有方向、有目标的故事，这个方向、目标就是三国的成立，尤其是蜀汉的建立。这种充满目的论色彩的三国史观，源自陈寿的《三国志》。

唐末竞逐天下的各方人士，若地下有知，可能会很遗憾从来没有人用与《三国演义》一样的戏剧性叙事方式，讲述他们的故事。因此，李嗣源、石敬瑭、刘知远、柴荣等人的知名度远不及刘备、孙权，甚至远不如董卓、袁绍和刘表。以三国为主轴详细讲述汉末乱局，将这段历史说成一个有头有尾的戏剧故事，源自陈寿的巨大贡献，再由后来的说书人和罗贯中予以继承并发扬光大。

《三国志》的成就，在于它提供了一个概念，将变动不居、没有中心的历史，改写成容易掌握、容易理解的历史。本来没有中心的，聚集成三个中心，再通过对正统性的讨论，将三个中心削减为曹魏与蜀汉的对峙，最后在《三国演义》中，两个中心再削减到只剩下蜀汉一个中心了。

这样处理的好处在于让人从混乱的历史现象中发现秩序，但坏处也在于让人简单地用正统观念、蜀汉中心观念理解这段原本极其复杂的历史。中国传统的历史认知，因此逐渐变得一定要有明确的中心，没有中心就无法讲述，更无法让人用耐心和思辨能力理解历史，这是这种简化的历史观念带来的严重后遗症。

11

三国叙事中，蜀汉如何成为正统

为何是蜀汉最终获得了三国历史的中心地位？因为蜀汉涉及过去中国历史上不曾认真处理过的大问题：一个朝代如何才算是结束？朝代断续的判断标准是什么？

在此之前，朝代的开始与结束，没有明确的定义，有着各种不同的说法。汉朝最流行的是“五德终始说”，用五行来定义、规范朝代史的递变。但五行之间的关系，大家普遍接受的有“相生”和“相克”两种说法。后朝取代前朝，应该是“相生”还是“相克”？没有标准答案，“相生”和“相克”都讲得通，更何况五行之间的互动还有更复杂、更多样的说法，很难形成权威、统一的解释。

汉末乱局中，五行和感应的信仰流行，图谶和预言大量出现。

每个有野心要建立新朝代的人，都宣称自己有图谶、预言为他提供权力的合法性基础。大家都有图谶，都有预言，很自然地，图谶和预言就快速贬值了。互相冲突的图谶、预言满天飞，不可能每个都准确可信，到后来这只会让人们再也不相信任何图谶和预言了。

东汉末年，之前的旧思维因使用过度而变得无效。每个人都能轻易拿出一个木盒、石盒或金盒，盒子里面藏着神秘的预言指出新皇帝是谁，因此相信这种预言的人越来越少了。那怎么办呢?混乱局势下，谁才有资格当皇帝呢?

取而代之的新信念，回到了宗族的标准，也就是将皇权的合法性重新建立在血统基础上。三国所引发的关于正统性的讨论，最后胜出的观念是：在正常状况下，同姓的宗族有资格延续皇权，延续朝代。所以，即便经历了桓灵之际的种种动荡，刘姓皇帝仍然比其他人，包括曹操和孙权，拥有更高的皇权合法地位。

与此相关的历史观念问题则是：怎样才算“正常状况”？什么时候，什么状况下，这个姓族就不再能也不再应该握有皇权了呢?通过刘备父子的角色，这个问题也有了比较清楚的答案，那就是要到这个姓族再也出不了像样的人才之后，其他的姓族方能合法地取而代之。

刘备自身或许不是什么了不起的人才，但在《三国演义》中，他有一个最大的优势，就是能让像诸葛亮、关羽这样的人才对他效忠，再加上刘氏宗亲的血缘关系，他就有资格继承刘家的天下，并获得正统地位。这种正统何时结束？要到刘备的儿子，一个不具备基本统治才能的“扶不起的阿斗”执政，而且身边也没了像诸葛亮、关羽这种人才时，刘氏的血统权才算走到了尽头，刘氏皇朝才算真正结束。

汉末的动荡引发了皇权危机，迫使人们重新思考皇权延续或转移的标准，从这时开启的政治思想变化，经历了几百年近千年，到《三国演义》成书时，已经有了固定而明确的答案。进入民间的正统观念，在中国历史上影响甚大，尤其是在宋朝以后的近世时期，正统观念使得王朝的统治和维持变得比以前更加容易。

周人在与强邻殷人的斗争中崛起，形成了天命观，他们必须随时战战兢兢地维护天命，这真的是小心谨慎的忧患意识。只要不小心做错了一些事，周人就可能失去天命，这就意味着改朝换代，权力落到别人手里。但相对而言，正统观建立之后，已经存在的王朝，除非此家此姓再也出不了人才，否则他们都还是握有正统的，能够得到大家的效忠。

这种正统观念影响深远，比如明朝接连出了好几个荒唐、无能的皇帝，朝政严重败坏，民间动荡不安，但该由朱姓当皇帝这件事，一直毋庸置疑。对明朝朱家的支持，甚至一直延续到清兵入关、崇祯皇帝自缢煤山之后。只要是姓朱的宗室后裔，就还能到处逃亡，成立新的临时政权，因此才出现“南明诸王”的特殊现象。

第七讲

豪族世家与部曲佃客

01

汉末战争的土地问题根源

桓帝和灵帝在位时，是东汉衰亡的关键时期。按照史书上的记载，公元 157 年，桓帝在位期间，整个帝国有 1670 万户，约 5648 万口。但到了公元 280 年，西晋太康年间，记录在册的人口只剩下了 246 万户，约 1616 万口。

人口数字，从 5648 万降到 1616 万，一百余年减少了三分之二多。以台湾地区当前的人口做比较的话，也就是既有的 2300 万人口在一百多年后只剩下 700 万左右，也就是大约除了今天的台北市、新北市、桃园市三个地方以外的所有人都不见了。这是多大的变化！

这段时间里，为什么户数、人口数会减少这么多？回答这个问题，可以让我们进一步理解汉末发生的变化。

我们立即想到的原因是战争。的确，从灵帝即位时开始，各地的变乱相继发生，接着地方割据形成，变乱更升级为正式的对抗战斗，且几十年间没有停过。但让我们再追索一下汉末战争的特殊起因和特殊的进行方式。

东汉的帝国统治权由豪族和皇帝合作共享。前文提过，西汉有土地兼并现象，但西汉朝廷将土地兼并视为应该要阻止、要解决的问题；然而到了东汉，政权的结构变了，朝廷根本就没有明确规范土地关系的想法，不觉得土地兼并是个问题。豪族权力和利益的基础在于土地，他们参与的政权，当然不会积极地限制或重新分配既有的土地所有权。结果就是，土地兼并在这一两百年间越来越严重，以土地形式存在的财富越来越集中，相应地便影响了社会流动。

豪族势力越来越大，他们形成垄断权力和财富的集团，且在家族宗亲内部传承权力和财富，外人是不可能进得去的。少数人垄断了越来越多的权力和财富，也就意味着多数人能拥有的权力和财富，相对而言不断减少。而汉帝国选用人才的方式，又进一步恶化了这样的趋势。

“累世经学”的出现，显示出拥有土地和财富的人，也开始垄断学术和任官的资源。东汉的经学强调章句，也就是那种必须有老师教授标准答案，而且必须长年累月不断背诵才能获得的学问。只有有钱人家才能负担这样的教育，所以只有有钱人家的子弟才有办法通过精通章句之学出人头地。他们早早地就开始接受教育，长期受专业训练，在学术上的积累当然远远领先那些没有这种教育资源的人，然后他们又理所当然地用所学的知识换取任官的资格，进一步垄断进入官场的机会。

在这样的状况下，社会资源几乎都被少数人占有了，其他人很难增加财富或改善地位，这必然会使社会向上的流动停滞，甚至使大多数人向下流动。他们的生活越过越差，整个社会积累了越来越多的挫折感和恐慌感。

社会上持续积累着挫折感和恐慌感，而中央朝廷的权力和资源被垄断，又在扭曲的结构下几乎无法正常运作。外戚、宦官持续恶斗，外朝被卷入得越来越深，终致党锢之祸。朝廷一下子少了一千多名具备资格和能力的官员，灵帝就干脆卖官，一方面可以赚钱，一方面可以填补这些官位空缺。但通过卖官换上来的官员素质，能让人有乐观的期待吗？

中央的政治斗争，又随着宦官“养子袭爵”的新政策，蔓延到地方。宦官的养子不必再被关在皇宫里，他们开始在外面培植自己的势力。他们到了地方，又与地方上的大地主或“累世经学”的豪族起了冲突，双方短兵相接，权力斗争的阵线从中央扩展到地方，又从地方上升到中央。

02

土地问题带来社会流动问题

经过几十年乃至上百年的兼并，土地所有权高度集中，土地所有者与土地上的实际生产者之间的关系，必定越来越淡薄。生产者不仅无法拥有土地，而且无望拥有土地，他们就不可能对土地产生强烈的认同和依附。自耕农的比例越来越低，大部分生产者都成为单纯出卖劳动力为地主服务换取生活的人，他们也就越来越没有理由留在一个固定的地方，耕种一块固定的土地。

于是，当社会发生动乱时，底层的生产者既没有土地依附感，也无力维持固定的社群互助联系，他们当然就开始逃离。逃离举动刚开始的动机可能是暂时逃难，也就是暂时避开动乱，不受动乱危害，但他们一旦逃离，就会出现两种情况让他们再也回不来。

第一种情况是，他们并未逃得太远、太久，就找到了新的生产生活基础，在一个新的地方能稳定地住下来。在这个新地方，他仍然不是土地的主人，只是提供农业劳动力的佃户，但在原来的地方，他也没有土地。如此一来，从彼地到此地，生产生活条件没有发生根本变化，他干吗还要付出迁徙的代价，承担不确定的因素，回到原来的地方呢？

第二种情况是，他们离开了原来的土地，却迟迟找不到新的可以定居和从事生产的地方。为了活下去，他们就变成了“流寇”，加入同为饥饿流亡者的团体，借由团体的武装或暴力，抢夺别人的生产所得，养活自己。

“流寇”到处袭击、骚扰，抢夺他们需要的粮食，这就迫使原来定居于此、从事生产的农民必须离开，另寻生路。这就引发了连锁反应，最常见的模式是，这些被抢夺了财产的农民，索性就加入抢夺者，成为“流寇”的新生力军，他们一起向下一个目标袭去。

黄巾势力为什么扩张得那么快、那么广，在短短几年内便敲响了汉朝的丧钟？部分原因是宗教的吸引力，但更多是源于社会结构的松脱乃至解体。黄巾势力并不是一个统一的组织，只是为各地蜂起的反朝廷的团体提供了一个容易辨认的标识。

黄巾军和五斗米道起事是社会解体的背景下爆发的动乱事件。大批农民在短时间内离开土地，人与土地原有的联系断裂了，这是最严重、最难收拾的危机。

因此，我们需要更小心地检视中国文化或农业社会中的安土重迁观念。在农业社会中，生产者必须依附于土地之上才能有所收获，因而在正常状况下，农民并不愿意离开土地，也缺乏离开土地之后生存的条件，这是事实。但安土重迁的行为仍然是有选择性的，它需要三个重要条件作为支撑。

第一个是，农业生产的可预期性。农民知道，也可以预期，他们努力耕耘的收获与自己有一种稳定而明确的关系，说得更清楚些，他们知道自己的生产所得有多少属于自己。最可怕的不在于有人要收走一部分收成，而在于被收走的与自己存留的收成之间的比例随时可能变化，使得他们无从预期。一切操之在人的话，农民必然会失去努力劳作的动力，丧失继续耕种的意愿。

第二个是，宗族纽带的支持。古代中国的农业生活与宗族系统一直紧密地结合在一起，也就是说，农民不是单纯作为生产者被固定在土地上，他有限的人际关系也与有限的土地联系在一起。一个农民离开定居的土地，就意味着他离开了宗族关系，也就意味着他成了一个孤独无助的人。原本他在土地生产上遇到困难或发生问题，还可以靠着宗族纽带的互助保护暂渡难关。

第三个是，合理的社会流动机会。农业社会的人口流动相对缓慢，然而一个社会正常运转，就不能没有一定的流动预期。农民当然期待日复一日的努力耕种，能有机会换取更多的积蓄、更多的安全感和更多的土地，乃至更高的地位，从而让自己和子孙不再那么辛苦。带着这样的希望，他们当然愿意留在原来的土地上，保护得来不易的积累成果，而不会轻易离开。离开就意味着他们抛弃了过去的积累，进入一个新的地方、新的环境，一切从头再来。因此，人们会选择守护既有的根，就算现在相对贫困，过得不那么好，却依然可以为了未来而忍耐。

然而，在东汉末年的社会情境里，这三个条件都被破坏了。土地属于地主，一些地主变成大地主，一代又一代，地主与实际担负生产的农民越来越脱节，地主不了解也不重视农民的需求；而从农民的角度来说，他们生产所得保障的确定性越来越低。农民的生产自主性已经很低了，若遭遇社会动乱，他们仅存的一点积累可能旦夕之间就被抢走，地主没有准备也没有意愿保护农民，农民对未来失去了盼头。

豪族重视家世，重视亲族，他们利用宗族关系垄断政府的人才任用名额。与此同时，下层百姓持续贫困，即使是集体性的宗族组织，都无法获得足够资源为宗族内部成员提供紧急救助。宗族的名义和人们对宗族的抽象认同还在，但宗族组织的实际作用已快速消失，当动乱发生时，宗族组织提供不了任何保护。于是，人们非但不会因为对宗族的认同而留在原有土地上，反而会以宗族为单位，集体离开土地，集体逃亡，或集体加入其他的宗教组织或武装集团。

底层百姓凭借时间和个人积累向上流动的希望，也越来越渺茫。将西汉史书中出现的人物进行统计，列出能够查清楚其先世来历的，我们发现这些人当中有将近一半是向上流动者，也就是说，这些人取得的地位和成就，高过他们的父辈和祖父辈。

将东汉史书中出现的人物进行同样的统计，结果却很不一样：向上流动的人只占约百分之十五。能被记录进史书的人，都是有一定社会地位的人，他们在自己这代升上来，地位高过父辈，原本是正常现象。然而在东汉，这群有地位的人绝大部分来自原本就很显赫的家族，没有这种家族背景的人，在东汉的社会结构中，很少有机会能向上升。

在这样的社会中，大部分的人失去了向上流动的希望。这样的社会，绝对是不正常、不健康的社会。

03

给出的权力再也收不回

黄巾之乱的关键在于“各地蜂起”，也就是一时之间许多地方都出现了反对朝廷的黄巾势力。这对经历了桓帝、灵帝两代政局变化的东汉朝廷来说，极难应付。因为党锢之祸，因为皇帝卖官，此时朝廷人才大缺，很多在位的官员，根本就没有履行职务的基本能力和责任感。

如果动乱发生在一地，朝廷还能集中有能力、有责任感的少数官员处理，或许有机会平乱。但黄巾刺激的连锁反应，阻断了这个可能性。突然之间，全国各地都出了问题，大量农民离开原来的土地，先是成了“流民”，接着其中很大一部分人自然变成了“流寇”。“流寇”袭扰，又制造出更多的“流民”。

如此恶性循环使朝廷疲于应对。在这种情况下，朝廷只有一种处理方式，就是任命州牧，将权力下放到地方州牧，以应对各地的危机。

州牧必须与原有的地方豪族结合在一起才能正常运作。州牧必须与地方豪族有良好的关系，或者州牧本身就是地方豪族，才可能担负全权责任，让地方恢复安定。州牧要驱赶“流寇”，要防堵“流民”，首先必须建立自己的军队，而且需要建立由上而下指挥得动的官僚体系。朝廷不得不给州牧这些权力，让他们处理宦官养子在地方上造成的问题，以及皇帝卖官造成的问题等，也就是赋予州牧权力阻断中央权力对地方的各种干扰。

这种政策的实际效果是，地方豪族的自主地位大幅提升，以另一种方式获得了与中央朝廷共治的权力。这次的共治方式，不同于东汉建立之初的皇帝与大族共治，这些地方豪族不是进入中央，而是由中央划出一片区域交给地方豪族治理，由他们进行统治，保证地方的安定秩序。

下放到州牧的权力，基本上一旦给出就很难甚至没有可能收回来了。授权的时机紧急，过程匆忙，朝廷没时间先制定一套制度，规范新的地方权力与中央权力之间的关系。更重要的是，地方州牧要对付的不是边境上的外来势力，而是底层社会瓦解产生的骚乱。朝廷无法应付底层社会溃烂的困境，只好将权力授予有资源、有能力的地方豪族，由他们负责地方的安定。

于是，地方势力的高涨，反过来又改变了中央的政治架构。首先受到影响的是宦官。“养子袭爵”的开放政策，使得宦官势力从宫中散布到宫外，也因此引发了巨大的反弹。地方州牧一旦有了自主权，首先要对付的就是宦官势力。到了灵帝末年，尽管宦官人数仍然众多，但是其实际势力已快速萎缩。

其次是宫中的内斗也更加激烈。何皇后生的皇子与董太后收养的皇子形成两个派系，彼此激烈争斗。灵帝死后，第一波斗争，似乎是何皇后一方占了上风，他们将董太后排除在权力体系之外。何皇后和担任大将军的何进，表面上看就是掌权的外戚，但他们与之前东汉的外戚有一个关键区别，那就是何家不是大家族，他们背后并没有强大的家族势力。何家是单纯靠何皇后的身份而获得权力的，也就是说，他们不是先有大家族的背景，然后通过政治安排而获得皇后位子的。

何进以外戚身份掌权后，按照原有模式，与外朝势力结盟，而这时的外朝，已经转型为地方势力的联合，不再像过去一样由士族占据。地方势力中最显赫的一支是袁绍家族，因而袁绍对何进的支持极度重要。为了巩固新取得的宫中权力，袁绍和其他外朝人士，也就很自然地建议乃至逼迫何进以激烈手段彻底消灭宦官的威胁。

外戚和宦官对立，这是东汉后期的基本政治模式。外戚掌权后便打压甚至诛杀宦官，这是东汉政治史上常见的斗争手段。即便是袁绍家族，为了维系豪族的权力和地位，他们也会将子弟送进宫做宦官，但他们基于攫取权力的考量，基本上还是与宦官为敌，所以，他们与何进结盟时，就理所当然地强烈要求收拾宦官。

但何进遇到了一个之前东汉的外戚不会有的困难。要杀宦官，何进没有现成的可以使用的武力。他并非出身大家族，没有控制在自己手中的武力资源，因此，他只好借兵。

何进借的是董卓的兵。董卓的军队势力在并州（治今山西、陕西一带），是何进认为自己最有把握控制的一股势力，因此何进就让董卓将军队调到离洛阳大约八十里的地方，作为他的武力基础。

然而接下来，何进犹犹豫豫，无法下定决心。他的犹豫源自他对何家外戚实力的担忧。何家没有那么强的实力，对宦官心存畏惧，也没办法充分信任外朝。何太后和何进都无法下手对付宦官，时间拖得久了，宦官却逮到机会，反而先下手为强。老宦官张让带队，趁何进进宫时杀死了他。

听闻大将军何进被杀，早已多次劝逼何进杀宦官的袁绍，为了保护自身势力，立即带军队攻入宫中，与宦官正面对决。他们凭恃优势武力，杀死两千多名宦官。袁绍出身于真正有实力的大家族，但这时的洛阳情势，却已经到了即便是他也无法收拾的地步，因为在距洛阳不远处，何进之前召来的董卓大军早已对洛阳虎视眈眈。

宫中一乱，董卓就率领军队进入洛阳，并且控制了洛阳。他废掉原来由何家拥立的少帝，改立献帝。从后来的政治反应看，董卓立献帝绝对是一个严重的错误，因为改立献帝为各个地方势力联合起来反对董卓提供了一个理由。一个并州牧，且与董太后并无实际的亲戚关系，以武力强行进入国都，自作主张废除皇帝，这显然是大逆不道的叛乱行为。

董卓自己创造出这样一个机会，让其他人暂时搁置相互算计，联合在一起，先除去董卓。在这群人看来，新皇帝是由董卓立的，若不除掉董卓，他野心那么大，又实际控制皇权，大家都会产生不满和不安全感：“凭什么他能得到那么大的权力？掌握了大权后，董卓又会做出什么不利于我们的事呢？”

于是一时间，至少八股地方势力迅速联合起来，以废少帝的罪名兴师讨伐董卓。这个联盟叫作“关东军”。参与关东军行动的首领，大多是各地的州牧，但其中有一个重要的例外。这个人是朝廷任命的校尉，相对而言没有那么大的势力和那么多的兵力，却也以维护少帝的名义加入了讨伐董卓的行列。这个人，就是曹操。

04

洛阳的动乱和瓦解

曹操的父亲曹嵩是宦官曹腾的养子，是宦官权力向外扩张的具体体现。曹嵩继承了曹腾的爵位，而曹操也被举为孝廉，被朝廷征召为议郎，后来当上骑都尉。凭借这个官位，他带领军队攻打黄巾军。董卓占据洛阳之后，他便以讨伐过黄巾军的资历加入了反对董卓的联军。董卓之乱以何进试图诛杀宦官为其端，宦官的养子之后曹操站在董卓势力的对立面是理所当然。那个时候，没有人能想到，最终势力最大的，竟然是这位出身背景与别人都不一样的家伙。

八股不同来源的势力要进行联合军事行动，也没那么容易。但光是他们的声势，就对董卓产生了极大的压力，迫使董卓决定离开洛阳，以避开东边的威胁，回到靠近自己势力基础的西边。董卓不仅自己带着军队走，还以武力挟持了献帝和整个朝廷都跟他走。他还以武力挟持大量洛阳人口跟他一起到长安。

史书记载有多达两百万的人口被迫西行，这个数字很可能是夸大的，但这显然是一场在董卓军队的胁迫下出现的流亡大潮。走在流亡人群最前面的，便是汉朝的皇帝。

从“黄巾之乱”开始，脆弱不堪且正在瓦解的社会，多次出现集体流离的现象，这时又多了一场人为的大骚乱。原本只是农村动荡瓦解，然而因为董卓的暴力行为，国都洛阳也面临动荡瓦解，而且大批人口被押解上路，沿途必定骚扰四境，这又在更广阔的区域里制造出更多残破。

05

流民问题和掠夺问题接踵而至

迁徙、流亡是连锁发生的。董卓之乱最可怕之处，就在于使洛阳解体，将大量洛阳人口变成流亡人口，进而引发未来几十年也无法安定下来的大迁徙、大流亡潮流，而与大迁徙、大流亡同时出现的，必然是大劫掠。

大量的流民，在所到之处大举劫掠，这种大规模的骚动又刺激了地方治理的转变。原先，州牧和地方豪族的治理目标，在于尽量维持地方不受骚扰，万一受到骚扰了，那就要让地方尽快稳定下来，重新恢复生产，使人民重新安居。州牧和地方豪族认为，对自身最有利的情况，就是维持一片与乱局隔离的区域，使之不受乱局影响，还能正常进行生产生活。

然而在董卓之乱后，这个目标越来越难实现了。流民规模越来越大，动乱袭扰的程度越来越深，州牧和豪族在这样的大乱局中想要保护好自己治理的区域，也就越来越不切实际。

在大破坏中，谁被动地停留在原来的地方，谁的正常生产反而会招来饥渴的流民，让这个地方变成流民劫掠的目标。流民的规模已经扩大到一旦某个地方成为目标，单凭地方防卫已经不可能阻挡的程度了。劫掠过后，不仅生产者会随之离去，成为新的流民，而且原本由地方统领的军队，也会因为失去经济支持而难以维持下去。

这怎么办？州牧和地方豪族只能化被动为主动，在拥有坚实的经济和武力基础时，就先扩张自己的势力，将军队带到别人的区域强行“就食”。也就是说，本来要保护地方的军队，现在也纷纷加入了大劫掠的行列，这提高了劫掠的强度，也使破坏程度更加严重。

流民、流寇的问题，后来演变为有组织的军队之间的冲突和战斗。流亡加长期战争，就使得人口急遽地减少了。

不只是长期战争，战争中基本的对人的生命的尊重，在这个时期也被消耗殆尽。若单纯追求战争的胜利，只需使对方的军队屈服即可，但这个时期战争的根本动机是抢夺有限的生产所得，因此，土地产出快速减少，人们到处寻找让自己活下去的资源。在这种状况下，军队不过是一群更强壮、更能有效抢夺生活资源的人罢了。

此时战争的重点在于抢夺，这就引发了残暴的屠杀行为，通过这种手段减少竞争者。此外，军队在流徙，而在战争中活下来的人也无法在固定的地方停留，也在流徙，于是，战争过后，土地就荒废了。军队走后，这个地方也失去了可以继续进行生产的劳动人口。

史书描述这个时代的战争状况，曾提到彭城战役中被屠杀的尸体使得“泗水为之不流”。泗水可不是乡间小溪，那可是一条大河！如果真的发生了“泗水为之不流”，至少要堆积几万具尸体。

造成“泗水为之不流”程度的大量尸体，必然带来另一个严重问题，就是传染病。河道受污染，疫情会蔓延得格外快、格外厉害。因而《后汉书》和《三国志》里到处都有“秋大疫”“春大疫”的记录，整个国家不分东西南北，到处都有严重疫情。传染病比战争更有效地消灭了大量人口，这使得少数勉强留在土地上的人也活不下去了。

在这几十年里，发生了好几波大规模人口迁徙。兖州、徐州，即今天山东南部、江苏北部一带的人往北走，到达位于今河北北部的幽州。南阳、三辅，原本是东汉最核心、最繁荣的皇族根据地，这时也有大批人口逃离，到了益州，也就是长江中上游与四川盆地交界的地区。

另外，长安周围关陇地区的人往南边走，到了荆州，即今天湖北一带；关西的人往汉中走；冀州北部的人往南走，到了济州南部；皖北的人则往江南走。

人口流动的基本动向是由中央迁往边陲，中原地区更加寥落。相对而言，中原以外的辽东、胶州、汉中、江南、荆州、幽州、益州等地的人口却增加了。所以从汉末到三国，反而是这些边陲地区的地方势力得以在竞争中脱颖而出，其中以江南为根据地的吴，在蜀地建立的蜀汉，能够与曹操的魏鼎足而三，反映了不同地区人口数量的变化。

06

“挟天子以令诸侯”经不起推敲

董卓挟持献帝从洛阳迁都到长安后不久，就被王允和他的部将吕布联手杀了，这个过程在历史上留下了吕布与貂蝉的故事。董卓死后，他的军队被李傕和郭汜接收，二人又杀了王允，长安陷入一片混乱。混乱中，中国帝制史上最悲惨的一幕出现了，那就是皇帝和一群外朝大臣被迫离城逃亡。

上一次从洛阳到长安，他们还是在董卓军队的护卫下走的，然而这次，献帝和大臣们非但没有军队护卫，没有地方接待，甚至还要担惊受怕，躲避各方势力的袭扰。皇帝的尊严和待遇都降到了最低点。

从洛阳迁都到长安，然后皇帝偕少数大臣逃亡回洛阳的这个过程，也摧毁了正常的外朝官僚系统，使得中央政府彻底瓦解了。

与此同时，许多与宫廷有关的官书记录在迁徙中也逸失了，以致这段历史产生了很多的空缺，为后世各种戏剧创作提供了空间。

比如，从长安开始流亡，献帝究竟走了怎样的路线，一路上经历了什么事才到达洛阳，这并没有留下明确的记录。我们只知道献帝经过的地方，要么他躲着这些地方势力，要么这些地方势力不支持也不帮助他。

董卓之乱后，各地的势力分布，基本上是袁绍在北，曹操在袁绍之南，袁术在曹操以西，这三个人的势力范围比较靠近洛阳。另外，刘表在荆州，孙策在东南，刘璋在益州，马腾、韩遂在西北，各占一方。主要的势力都分布在中原外围，中原已经荒废，维持不了像样的军事力量。

从这个时期的势力分布，可以看出两个有趣的重点。第一个是，曹操、孙策（及其年轻的弟弟孙权）各据一方，却没有刘备。此时的刘备尚未形成一股像样的势力。第二个是，各地主要势力，明显不止三股，值得一提的至少有七八股。

这也就显示了，三国是一个被建构出来的历史概念，而不是简单的历史事实。汉末真正的局势是群雄并起，各方割据，然而将这样的局面说成三国，一方面比较容易掌握、理解，另外一方面可以突显三角关系中的戏剧性。因此，后来三国的概念就被固定下来，成为这段历史的叙述框架。

献帝一路流亡，他本来想投奔势力最大的袁绍，但袁绍没有收留他。刚刚经过董卓之乱，包括袁绍在内的地方势力，都没有将这倒霉的流亡皇帝看作一项资产。他们吸取了董卓的教训——立献帝，杀少帝，非但未能够号令天下，反而让自己变成各方公敌，给了大家团结起来对抗自己的借口。

当时的基本局面是割据势力各占一方，并想办法向周围扩张，在扩张中，各方势力顶多就是与邻近势力发生冲突。然而，一旦将皇帝迎来，那他岂不是将自己放在了中心位置上，显摆地告诉各方势力团结起来与自己为敌，用集体的力量先把他攻灭了再说吗？就当时集体纷争的状况来看，皇帝在谁家，谁就会一下子失去了合纵连横的空间，而成为其他各方首要的敌对目标。

没有人收留，没有人帮助，献帝不得已，只好回到已经残破、十室九空的旧都洛阳。后来曹操将他带到许都。后来的人们解释曹操的兴起，将“挟天子以令诸侯”当作重要的策略。但是，看看前面董卓的例子，再考虑一下袁绍的选择，我们有理由对这个深入人心的解释，持保留意见。

这个皇帝真有那么大的价值，挟持他就能号令天下？这是一个什么样的皇帝，当时又是一个什么样的天下，有什么样的诸侯？这个皇帝，九岁时由董卓拥立，随即被董卓带到长安，离开了东汉原来的政治中心；三年后，董卓被杀，长安因李傕和郭汜内讧而陷入战乱，献帝逃出，历尽艰辛，花了一年时间才回到洛阳。这样的皇帝，既没有权力基础，也没有领导资历，甚至没有了基本的皇帝尊严，除了拥有一个名号之外，还有什么？

再看，那个时代有像西周时期那样接受天子号令的封建式诸侯吗？从洛阳到长安，再回洛阳，中央朝廷根本就已经瓦解了，中央和地方的官僚系统运作也都断裂了，皇帝还能号令谁？如果皇帝能号令地方，他就不会如此悲惨地费一年时间才从长安走到洛阳。

献帝从来就不是自主的。之前“挟天子”的是董卓，而且董卓在“挟天子”之前，就已经先废掉一个皇帝少帝，后来还把少帝杀了。董卓死了之后，“挟天子”的是李傕和郭汜，他们享受到“挟天子以令诸侯”的好处了吗？没有。正是在他们“挟天子”的那几年里，天下分崩离析，而且各方割据势力显然视“挟天子”的董卓、李傕和郭汜为首要仇敌，因此联合起来与之对抗。

作为刻画曹操奸雄性格的戏剧性元素，“挟天子以令诸侯”的说法，很有效果；但就历史的事实而言，认为“挟天子以令诸侯”为曹操带来巨大的优势，这种观点是经不起推敲的。

皇帝的威望降到了最低点，光靠将献帝迎到许都，就能将许都变为政治中心，让各方势力听从曹操的号令，这是不合理的推论。比较合理的推论是将因果关系反过来，问一问：别人都不敢接受献帝，为什么偏偏曹操敢？袁绍不愿做的事，曹操做了。其他人担心这么做可能产生的负面作用，并没有将曹操打垮。所以，并不是因为迎来了皇帝，曹操的势力才得以兴起，而是相较于其他各方，曹操这时已经占据了明确的优势，这样他才敢把皇帝接过来。

07

曹操的真正优势是屯田制

曹操真正的优势，也就是让他脱颖而出的因素，是屯田制。他懂得在根本上应对汉末乱局，也就是回归人与土地的关系这个问题。人与土地失去了稳固的联结，必定无法解决流民问题，只要流民不断产生，所有后续的问题也都无解。曹操在他所控制的地区进行的改造，用今天的话来说就是“重建人与土地的关系”。

曹操采用的举措是屯田。屯田意味着改变军队的给养模式。乱局中的军队，很容易变成有组织的劫掠团体，以战争抢夺的方式喂饱自己，进而壮大规模。曹操改变了这种模式，他以军队的组织、军队的行为方式进行农业生产，也就是用治理军队的方式管理生产。曹操将不直接介入战斗的部分军人转化为农业生产者，逐渐形成兵农合一的模式，为军队建立了自主的经济基础。

除此之外，曹操还采取了另一项措施，就是招募附近的地主，让他们将自己所有的生产者一并带过来。地主在一个地方长期经营，他的手下有佃户、部属、从吏等，在战乱中，他们同样面临流离失所的威胁，于是曹操便吸引他们投靠过来。地主过来之后可以保有原先的组织，在曹操的军事力量控制的范围内获得土地。他们得到这片土地，但地主仍然是地主，农业生产可以恢复、继续。这时进行生产的新土地，是受到军队保护的，其产出有一部分必须交给军队，却可以以此换取军队的安全保障，地主不用担心自己辛苦劳作的收成被抢夺一空。

当时另一股相对繁荣、势力较为稳固的地方势力，是荆州的刘表。刘表占据的地方先天条件好，荆州既有的农业秩序被破坏得较少。曹操控制的青州、徐州一带，本来是农业秩序被破坏最严重的地区，如果不能找到方法重建农业，在经济发展上就先输一筹了，更无从与其他各方竞争。曹操的聪明之处就在于看清楚了这一点，并借由屯田和保护归顺地主这两大举措，建立起安全、有保障的农业生产基础。

在此过程中，后来在中古社会极为重要的新关系也出现了。汉末乱局使原有的宗族系统瓦解，流动中的人口很难依赖宗族组织，于是，一种新的联结方式产生。部曲和佃客就是代替宗族组织的暂时稳定的新关系。

部曲和佃客都是自愿的生产社群，二者之间的差异在于是否拥有军事身份。佃客加入农业生产社群，进行集体劳动，换取安全和温饱；部曲则同时具备军事身份，平常参与劳动生产，遇到战斗则披甲上阵，随同出征。这两种组织形式，一方面提供了稳定的生产基础，另一方面使人们获得了稳定的生活保障，不必再流离失所。

曹操在历史上被刻画为奸雄，其骁勇、奸诈、权谋的部分过于突显，我们就往往忽略了他在其他方面具备的开创性眼光。他不是仅靠骁勇、奸诈、权谋坐大，更重要的是他重新规范了人与土地的关系。

靠着这种既有开创性又有根本性的制度安排，曹操控制的地区生产复苏，生产力开始提高，他才有条件将皇帝接过来，也才有实力以皇帝的名义，以高人一等的姿态，与其他割据势力进行合纵连横。

08

三分天下与土地生产秩序

曹操成功恢复了农业生产，很快就将附近人口吸引过来。人们向他控制的地区迁移，而他也有办法吸纳这些人口，予以安置。公元 200 年左右，曹操的势力已经威胁到原本实力最强的袁绍了。这两大势力之间的冲突和对决，已无可避免。

袁绍控制幽州、并州、冀州，曹操控制青州、徐州，单纯从土地面积和人口数量看，袁绍的实力强过曹操。官渡之战，表面上更强大的袁绍一方，惨败给表面上弱小的曹操一方。不过，如果深入理解这二人在经营上的差别，这样的结果其实一点都不意外。曹操的实力实际上比袁绍的实力强悍得多。

官渡之战后，袁绍、袁术一家退出了群雄竞逐的舞台。曹操的策略奏效，逐渐统一了北方。而在南方，另一个经营有成的地方势力是孙策和孙权，他们最主要的成功因素是他们地处边陲，在较少受到战乱破坏、本身生产条件又较佳的江南发展。中国南北方的农业生产格局，此时进入一个关键的转折点。孙吴建国之后，江南开发到了一定程度，历经魏晋南北朝和唐宋多个时代，南方的经济发展超越北方，而且一路领先。自此之后，中国政治就不再理所当然地以北方中原地区为中心了，而是多出来一个南方中心，孙吴、东晋，以及南朝的宋、齐、梁、陈，统称“六朝”，都是以南方的经济优势而建立的统治。

诸葛亮在“隆中对”中提出了一个分裂秩序的设想，也就是多方角逐的局面会收束为“三分天下”的局面。在这个规划中，原本就有一个特殊的政治因素，那就是既有的刘姓皇帝，已经失去了统治的尊严和合法性，然而其他非刘姓的领袖人物，都不足以获取各方的联合支持，这就使得新的刘姓皇帝有了存在和崛起的空间。

刘备接受了这个规划，一方面利用自己的刘姓宗亲地位扩张势力，另一方面积极寻求与刘姓势力联合，他先到刘表所在的荆州，后来待不下去了，又转往刘璋所在的益州，最终在四川地区建立了基础。

三国形成，并维系了一段时间，这得益于地理和经济两方面的因素。四川盆地在地理上自成半独立单位，易守难攻，而且具备关起门来自守的经济规模。南方则有长江阻隔，而且有比北方更加富饶的农业生产条件。曹操统一后的北方，虽然版图很大，却是一片经历了劫乱的土地，人口和生产无法迅速恢复，因此，虽然表面上看，三国所占土地面积悬殊，但就经济和军事实力而言，三个政权大致相当。

曹操一度被表面的悬殊误导，高估了自己的实力，因此才有赤壁之战。以北方的实力，还不足以渡江吞并江南。劳师远征、北人不擅水战等不利因素，使得曹操南向渡江的军事行动，必须齐聚各种优势才有可能成功。虽然曹操的见识和才能，让他凭借屯田和收拢地主重建了北方，但重建的成果，此时还不足以形成北方对南方的绝对优势。

北方必须再等几十年，当司马家逐步蚕食曹家权力之后，北方才恢复到对南方拥有足够优势的程度。即便如此，若不是蜀汉在既定政策主导下多次逞强出征，以致大幅削弱了自身实力，凭借四川盆地的先天优势条件，蜀汉其实没那么容易被攻灭。

诸葛亮“六出祁山”的情节，是很多《三国演义》的读者不忍卒读的段落。不仅是因为大家早已知道这些战役的结果，还有一个原因是，凭借常识，读者都能看出蜀汉并不具备可以那样挥霍的实力，小说里神机妙算的诸葛亮，竟然为了忠于汉朝，忠于死去的刘备，而犯下如此明显的错误，置蜀汉于危难之地。

晋取代了魏，又结束了三国，这意味着北方势力再度凌驾于南方之上。从魏到晋，北方的恢复，主要靠重建的土地生产秩序。不过，乱后重建的秩序，与乱前已大不相同。这时的社会和经济组织原则，逐渐转型为以部曲、佃客为主的庄园形态，这就是中国中古历史（从魏晋到隋唐）最突出的特征。

前文提到，从汉末到晋，中国人口锐减超过三分之二，其中一部分是真正死于战乱、饥荒和疫病，另外不能忽略的一部分，他们并非真的不存在，而是未出现在朝廷的调查、统计中。他们从国家的编户齐民，转变身份，成了豪族大户家的私民，不在朝廷的户籍资料里。他们是豪族大户的部曲、佃客，不向朝廷纳税，也不为朝廷提供劳役。从朝廷统计的角度看，他们不存在。

朝廷的权力无法直接触及这些人，只能通过豪族大户。于是，豪族大户也转型为“世家”，他们挟着私有的人口和庞大的庄园经济，表面上服从朝廷，实际上却比朝廷和皇帝享有更高的地位。

许多人口隐匿在“世家”里，还有一部分人口隐匿在寺院中。乱世环境中，外来的佛教一时大盛，还产生了特殊的寺院组织和寺院经济。大批人口逃入佛寺，规避朝廷的赋税和徭役，这也是表面上人口减少如此之多的另一个原因。

09

西北地区无暇顾及

东汉末年的骚乱和分裂留下了严重的后遗症，那就是中央朝廷瓦解；后来朝廷专注于恢复生产和统一南方，便无暇顾及北方和西北边境的情况。过去四百年里，一直与汉朝频繁互动，很长一段时间里处在汉朝严密监视之下的游牧民族，此时获得了前所未有的发展空间。游牧民族之间也出现了复杂的合纵连横斗争，刺激了他们“南下牧马”的动机，而一旦他们真正南下，就发现农业民族的边防已然溃散。于是，原本的“牧马”者进而生出更大野心，继续南下抢夺农业所得，乃至产生了居留在农业土地上的想法。

如此，后来所谓“五胡乱华”的乱局开始了。好不容易恢复了秩序的北方，再度陷入新一波的混乱局面。本系列书第六册《大分裂时代》将对“五胡乱华”这一概念进行辨析，这里简略地提一下这方面的内容。

可能早在东晋时就有“五胡乱华”的说法，到了隋唐时期，这个说法广为流行。这样的表述，如果仅仅从字面上看，会让人产生各种误解。我们总以为“乱华”的“五胡”都是外来的异族，尤其是现代历史学家了解到西方文明史之后，经常将“五胡乱华”的历史与灭亡西罗马帝国的“蛮族入侵”相提并论，这就更加深了人们对这段历史的这个印象，即这段时间发生在中国的事情，也是外族大举入侵中国，破坏了原有的统治秩序。

我们首先要弄清的一个历史事实是，“五胡”中很重要的一支，也是最早开始“乱华”的势力之一是刘渊。刘渊率领的匈奴人，却不是在汉末或魏晋时期突然从外面闯入的，他们是原来就已经“内附”，长期居留在塞下一带从事农业生产的南匈奴人。

按照《晋书》的记载，刘渊所受的，很显然是纯粹的汉人教育，他的自我认知和事业理想，也都是以汉人的历史为基础的。刘渊建国时，国号为“汉”，年号则是“永兴”，明确表示要接续汉朝的政统，他说：“昔汉有天下久长，恩结于民。吾，汉氏之甥，约为兄弟。兄亡弟绍，不亦可乎！”

另外，从刘渊的儿子刘曜，建立成汉政权的氐人李雄、李特，建立后赵的羯人石勒的事迹，以及后来鲜卑慕容氏和鲜卑拓跋氏在中原建立的好几个王朝的作为来看，“五胡乱华”的说法都很成疑。对于两晋之际北方游牧民族入主中原的纷繁历史和复杂格局，我们需要更细致地考察。

第 八 讲

天马行空的王充和魏晋清谈

01

我不喜欢王充，但是王充很重要

学历史，如果要自觉且认真地学习的话，必定会遇到一些很麻烦甚至很痛苦的问题。比如，一个基本的问题是：如何界定历史的范围？也就是说，什么事该被纳入历史叙事中，而什么事情又应该被排除在叙事以外？

我们无法再接受那么简单、未经检验的习惯，仅仅把政治、军事事件看作历史的全部。我们知道，也无法否认文学、经济、艺术、科技等都是历史，还有难以捉摸的社会关系，比如宗族、阶级、团体等，以及更难以捉摸的思想，比如宗教、信仰、哲学、价值判断等，我们能说这些不是历史吗？

历史那么大、那么广，谁能真正掌握？一开始，我们还能躲开一些内容，只选择自己熟悉和自己喜欢的部分讲。但当我们持续探索到一定程度，无论如何都会遭遇这样的挑战：如何趋近、说明自己感到陌生乃至自己不认同、不喜欢的历史内容。

诚实地讲，我从来都不喜欢王充，也很难进入他那混乱而矛盾的思想世界。读他的《论衡》，对我而言是一种痛苦的经历。然而，我不能因此跳过王充，跳过他的《论衡》，对其不理会、不解释。我曾经花了很长时间认真研读《论衡》，甚至比我自己愿意耗费的时间更长。在美国的研究所念书时候，我认识了一个来自法国的博士研究生，她的博士论文就是翻译并批注《论衡》。她找我帮忙解决论文写作上的一些问题，提供了还算优厚的酬劳，这对我这个穷留学生来说，没有拒绝的理由。

但答应了之后，我才知道这工作不好做。这位法国博士的中文水平一般，远不足以独立阅读汉朝的文献。《论衡》中的每一段文字，我都需要为她一一讲解，然后将其中较复杂的语法或观念，为她另外说明。这相当于在一年时间里，我把《论衡》大约三分之一的篇幅，在口头上译成了英文，并加了批注。

因这个缘故而被迫阅读《论衡》，我读到的第一篇就是《自纪篇》，这一篇相当于王充的自传，但它让我痛苦挣扎了好久。不是字句上的艰难，而是他描述自己的方式，让我很难接受，很难习惯。我所接受的思想史学术训练，讲究在阅读史料时要尽可能多了解与史料相关的“人”，“知人”才能“论世”，也就是要想办法了解文本背后的那个人，弄清楚他的个性、他的信念、他的价值判断和世界观是什么。

用这种思想史的路径探索孔子，我感受到极深刻的快乐，这直接影响到我自己的价值判断和世界观，我从孔子那里可以学到太多东西。用这种思想史的路径探索王莽，我也感受到很强烈的刺激。我能够穿越表面上的种种描述，挖掘王莽的信念和动机，从而重新解释他之所以兴起又快速陨灭的关键。

但以同样的路径阅读王充，我却无可避免地领悟到，王充作为一个人，有多么不可爱。当然，这可爱不可爱的观感，不是依靠客观的标准，而是纯粹主观的意见。我的意思是，他的人生态度和想法，和我本人有极大的几乎无法拉近的距离。

我承认我讨厌王充，但我绝对不会也不能因此否认王充和《论衡》在历史上的地位。这是重点。一个研究历史、解释历史的人，必须不断地自我审视，看看自己是否以自身的好恶，扭曲了对历史轻重缓急的判断，是否过度突显、强调了自己认同、喜好的部分，相对压制、低估了自己所厌恶、所难以理解的部分。

其中包含了历史"公正性"的内在尊严，许多人就是因为缺乏这样的自觉和努力，而创作出缺乏"公正性"的历史叙述。没有任何人能彻底做到"公正"，但是否以这样的"公正性"要求自己，毕竟还是会在历史研究和论述上，产生相当大的差异。

02

充满矛盾的思想家王充

如果要你描述自己，写一篇自传，你会怎么写?

王充《自纪篇》的写法是，第一段先写家世来历，然后第二段进行自我描述。他说自己“六岁教书，恭愿仁顺，礼敬具备，衿庄寂寥，有巨人之志”。王充六岁开始接受教育，那么小的时候就已经很乖，很懂规矩了；更重要的是，那时他就已经不和其他小孩一起打打闹闹了，而是自己严肃地待在一边，怀抱着“巨人之志”——拥有超人的志向。换句话说，王充的人生从一开始，就不平常，他从没想过要做一个平常人。

到八岁时，“书馆小僮百人以上，皆以过失袒谪，或以书丑得鞭。充书日进，又无过失。手书既成，辞师受《论语》《尚书》，日讽千字。经明德就，谢师而专门，援笔而众奇。所读文书，亦日博德。才高而不尚苟作，口辩而不好谈对，非其人，终日不言。其论说始若诡于众，极听其终，众乃是之，以笔著文，亦如此焉……”

和王充一起在书馆念书的，有上百个小孩，别的小孩都因为犯错被打、被骂，或因为字写得丑被责罚，只有他自己不是这样的。他的字越写越漂亮，而且他从来不犯错，不违规。基本的认字、写字的教育完成了，老师开始教《论语》《尚书》，王充很厉害，每天可以背诵千字，记忆力好得不得了。他不仅记忆力好，领悟力也好，不用老师教，自己也能读，还开始写文章。他一下笔就写出了不一样的文章，让众人啧啧称奇。书越读越多，人也越来越孤傲。他不随便说话，没碰到合适的人，宁可一整天都不说话。他发的议论，乍听之下，与别人的主张相异，但继续听下去，听完了，大家就都被说服了。他写文章的方式和风格，也与说话一样。

这样的描写，尤其是描写一个人小时候如何神奇的文句，我们在传统古文中经常看到。但这种夸张的文句，最常见于“行状”或“墓志铭”，也就是用于别人表达对一个人礼貌、客套的推崇，很少会出现在一个人的自述中。其中的道理很简单：用这种方式赞扬自己，而且说得那么夸张，把自己形容为天才，同时贬低身边的其他人，这是很不得体，既讨人厌又得罪人的做法。

王充是一个不与世人弹同调，睥睨一切，孤芳自赏的人吗？不是的。因为在同一本《论衡》中，我们又会读到像《须颂篇》这样的文章。“须颂”就如这个词本身呈现的那样，是要告诉读者，为什么需要歌功颂德。王充写了好多篇对朝廷歌功颂德的文章，并且为这些文章做解释，说明自己为什么必须写这些文章，以及这些文章有多高的价值。

《须颂篇》便说："汉家功德，颇可观见，今上即命，未有褒载，《论衡》之人，为此毕精。"意思是，汉朝很了不起，现在的皇帝（章帝）即位，怎么没有人称颂呢？写《论衡》的我必须努力弥补这个缺憾。

王充真的很努力，一连写了"齐世""宣汉""恢国""验符"等篇，他说："圣者垂日月之明，处在中州。隐于百里，遥闻传授，不实。形耀不实，难论。得诏书到，计吏至，乃闻圣政。是以褒功失丘山之积，颂德遗膏腴之美。使至台阁之下，蹈班、贾之迹，论功德之实，不失毫厘之微。"意思是，皇帝那么了不起，地方上却得不到确切的信息，得通过带着诏书的朝廷人员宣讲，大家才听得到"圣政"，因此，我必须补充称赞皇帝的伟大，就像班固、贾谊那样一丝不苟地彰显皇帝的功德。

王充一方面是个自大的人，但另一方面，他对朝廷、皇帝，又是一副谄媚、歌功颂德的模样，就这样，他还大大咧咧地将自己的书命名为《论衡》。"论衡"是什么意思？他自己解释说，《论衡》的中心宗旨，就是"疾虚妄"，即要破除所有假的、错误的看法和观点。

秉持着"疾虚妄"的精神，他批判"符瑞"，主张"凤凰、麒麟难知"，他的意思是凤凰、麒麟如果真的那么神奇，那么一般人又怎么会知道凤凰、麒麟代表什么呢？人们又凭什么认定凤凰、麒麟就是吉祥的象征？但另一方面，他又在别的篇章中明确地说：

“永平以来，讫于章和，甘露常降，故知众瑞皆是，而凤凰、麒麟皆真也。”意思是，从明帝到章帝、和帝年间，有好多吉祥征兆，其中凤凰、麒麟都是真的。

王充这么说不是自我矛盾吗？同一本书里说了完全相反的话，书名却叫《论衡》？这本宣称要“疾虚妄”，岂不是讽刺吗？因为书本身就有些“虚”和“妄”。

03

矜才负气的乡曲之士

徐复观先生在他的经典史著《两汉思想史》中曾对王充下了一个精要的评语，说他是“矜才负气的乡曲之士”。我认为这九个字，是我们认识王充和《论衡》的关键。

先说什么是“乡曲之士”。王充没有到过洛阳，没有入过太学，这一直是他的遗憾。徐复观说：“乡曲之士要突破乡曲之见以形成超越扩大的精神境界，有待于人格的特殊修养，以及学问上特殊的成就。”但王充并没有这样的人格修养和学问成就，以至于他的看法和他看待事物的角度，一直都受限于他的乡曲环境。

也正因为他始终僻处乡曲，与身边的人相比，他总觉得自己高明得多，这才有了“矜才负气”的性格。徐复观说：“在王充的思想世界里，对无须现实诠释的学术问题，他每每有过分的自信；

另外，相对地，对需要现实诠释的政治问题，他又有过分的自卑。朝廷的青睐，是他毕生的梦想，这种自信与自卑结合在一起，就形成他内心深刻的矛盾，他便不能不运用他自身的才气，加以解析，并在这种解析的过程中，获得自我精神的保护。”这也是徐复观的解释。

《论衡》就是王充自我精神的保护，是他的自我安慰和他的借口。他对自己说明，为什么自己那么大的才气，却没有得到认可，也没有为自己带来荣华富贵。比如，《论衡》对“命”，也就是命运和命定的主题，反复论述。他最喜欢举的例子是大灾难，在大灾难中，那么多人一同遭难，不能说他们都因类似的行为受到了惩罚，只能诉诸不可解的“命”，也就是他们命中注定遇到这样的事；这种灾难与他们是什么样的人和做过什么样的事无关。

换句话说，不是好人就有好报，坏人就有坏报，而是在好坏报应之外，还有“命”。王充为什么这么重视“命”？因为他觉得自己是好人，是天才，却困居在乡曲之处，他不能接受这样的现实，所以要一再地申明：人的遭遇与他的行为，不是直接相关的；没有好的地位、好的待遇，不代表这个人不够好，而是他被“命”给牵制、决定了。

又比如，王充在《论衡》里，对“谗佞”痛恨得咬牙切齿。“谗佞”指的是两种不太一样的行为：“谗”是说别人坏话，恶意攻讦；“佞”则是说别人好话，阿谀巴结。王充自己对朝廷、皇帝说了那么多阿谀巴结的话，还为之沾沾自喜，却又攻击“佞”，这是个很大的矛盾。不过对他来说，重要的是批判“谗”，这也是出于自我精神保护的需要。他认定，自己之所以大才不得用，之所以长期不得志，就是被背后说坏话的小人给害的。

又比如，他在书中特别区分儒生与文吏："论者多谓儒生不及彼文吏，见文吏利便，而儒生陆落，皆诋訾儒生以为浅短，称誉文吏谓之深长。是不知儒生，亦不知文吏也。"意思是，一般人认为文吏比儒生高明，因为人们看到文吏会做事、有用，然而这是对文吏和儒生的双重误解。事实上，文吏、儒生"皆为掾吏，并典一曹，将知之者，知文吏、儒生笔同，而儒生胸中之藏，尚多奇余；不知之者，以为皆吏，深浅多少同一量，失实甚矣"。意思是，让文吏和儒生担任同样的职务，二人写出来的东西，表面上是一样的，但文吏所有的，也就写出来的那么多，而儒生除了写出来的那些以外，内在还有很多其他的。人们只看到他们表现出来的，看不到他们内在的深浅多寡，这与事实相差甚大。

王充当然认为自己是儒生，因为自己是儒生，内在丰富，在世俗的眼光中，却被文吏比下去了，他才会一直这样郁郁不得志。

从这样的论述中，我们看得出王充的根本关怀。他把所有的问题，都与自己相关联，十足地以自我为中心。他用于衡量事实和讲道理的标准，是自己的遭遇，尤其是自己大才却不得用的困扰。出于这种以自我为中心的计较，他提出的主张，常常令人意外地感到琐碎、浅薄。

就像比较儒生和文吏，王充给的场景，竟然只是官衙里的小公务员（"曹"），他要主张的不过是，儒生和文吏一样会写公文，而除了会写"公文"以外，儒生还有别的知识、学问，所以别人将儒生和文史等同看待，是错误的。

即便以汉朝已经狭义化了的儒的概念做标准，王充对儒生的认知、主张，显然更加狭隘。他看不到，也不在意儒的根本其实是在于提供人之所以为人的价值标准，他只是从儒生能给朝廷提供服务这一点来界定儒生。

04

王充论儒学

对儒家最重要的基础——五经，还是借用徐复观的评语，王充的态度是“重知识，不重伦理道德”。王充将五经看作一堆历史知识，却不看其中更深刻、更普遍的意义。儒学之所以重要，并不只在于它承袭了周朝的王官学，保留了古代的资料而已。儒学除了保存历史记录，更重要的是致力于解释过去发生的事，从历史总结出为人处世的原则，因而在历史现实之上，儒学还附加了理想的价值。五经代表了“三代之德”和“文武之道”，里面有上古黄金时代留下的典范。即便在汉朝，儒家转型为儒术，也仍然维系着这种有内有外的理想框架。

内是界定、彰显做人的标准，从最基本的一直到最高的标准。外是治理社会、从事政治的标准。王充虽然认为自己是儒生，与文吏有别，然而他在试图抬高儒生地位的同时，实际上却贬抑了儒学，这就产生了奇怪的矛盾。

王充论述儒学的方式很特别。他主张儒生比文吏高明，不过他又看不起儒生里的“章句之儒”，也就是将五经的字句仔细研究、解释，将经书拆开来读的那种儒生。他同时又很看不起“通经之儒”，也就是将五经的内容融会贯通，寻求其内在思路和原则的儒生。

那他看重什么，又如何定位自己呢？他强调的是“博知之儒”，就是知道很多事情，懂的比别人多的儒生。王充认定的儒生价值，在于“博知”，一个儒生必须读很多书，记得很多内容，甚至掌握超过五经的丰富知识。这是他心目中的儒生，是儒生之所以比文吏高明的理由。

从这点看，王充的思想与原始儒家、汉朝经学，都大不相同。他不提人品，不提行为，只重知识。若用《左传》所揭示的“立德”“立言”“立功”的理想来看，王充只突显“立言”，将儒生的价值都放在知识上。儒生之所以胜过文吏，是因为他们知识丰富，知道更多事情，写出来的文章也更有趣，更奇妙。

王充虽然不断提到儒和儒生，但他对儒和儒生的看法，与汉朝主流儒学、经学是有区别的。正因为王充是“乡曲之士”，他的儒学并非来自当时的主流，而是自己琢磨出来的新见解。

05

王充对儒家的批评

王充的另一个问题是，他几乎完全不懂艺术。在传统文献中，只要出现了没有实用价值的东西，他就一定反对。比如，他对封建时代的礼，产生出强烈的反感。他反对的主要理由，就是礼没有用。他既无法站在孔子的立场理解、分析礼之所以存在的道理，追究“礼之本”，也无法欣赏“礼乐”的艺术价值，以及“礼乐”对提升生活层次的作用。

他以“无功用”为由反对礼，却看不到他自己最看重的“博知”，其实也没有具体、现实的功用。这是很明显的矛盾，但王充自己是看不到这样的内在矛盾的。他对待自己喜爱的和自己讨厌的事物，可以采用双重标准。

除了缺乏艺术感悟，更麻烦的是，王充看不到原则性的、根本的道理，却对自己的一些琐碎看法沾沾自喜。《论衡》中有《问孔篇》，“孔”指的是“孔子”，《问孔篇》的主要内容是在指出《论语》一书中的不合理之处。王充在现代受到重视，经常被提及的理由是他敢于挑战权威，连孔子和《论语》都敢质疑，有一种独立思考的精神。

我不得不提醒，挑战权威的精神值得赞许，但我们不该理所当然地认定，只要是挑战权威说出来的话，都有道理。不能因为《论语》是权威，《论衡》是挑战权威的，我们就接受《论衡》的说法。

《问孔篇》里有很多质疑得很没道理的内容。比如，在《论语》中，孔子说：“贫与贱，是人之所恶也。不以其道得之，不去也。”有人不了解这句话的意思吗？有人不能领会孔子所要强调的吗？孔子提醒，人活着有比富贵、享受更重要的事，我们都不喜欢活在贫贱中，但如果要我们违背自己做人的原则，放弃自己的道德品格，抛弃贫贱，换取富贵，这种事不能做，也不该做。

王充却批评道：“夫言不以其道，得富贵不居，可也；不以其道，得贫贱如何？富贵顾可去，去贫贱何之？”他从字句上质疑孔子不该说“不以其道得之，不去也”，他把这句话理解为“抛弃贫贱”，反问道：富贵可以抛弃，贫贱可以抛弃吗？抛弃了贫贱，人会变成什么样？

很简单，抛弃了贫贱，就成了不贫贱，如果要用违背原则的方式变得不贫贱，那就不要做。这有什么问题，有什么难理解的呢？不过王充就是要用这种方式挑毛病，显示自己很有学问，与别人不一样。

他质疑的还有一句话。孔子说公冶长“可妻”，“虽在缧绁之中，非其罪也”。孔子特别替自己的弟子公冶长说话，因为当时公冶长入狱，孔子强调那其实不是他的过错，可能是他被连累或替别人顶罪或有其他隐情。为了加强辩护的效果，孔子说：像公冶长这样的人，你们可以放心地将女儿嫁给他。

这句话反映了孔子一贯的态度——将一个人的内在价值与社会对他的看法分开，不相信、不接受社会看法便等同于一个人的内在价值这种观点。孔子最欣赏的学生，他认定的最好的学生，是颜回。颜回是一个在社会上几乎没有任何外在成就的人。孔子教学生的重点，不是让学生追求社会对自己的肯定，而是让他们培养内在，按照仁的标准，让自己变成“君子”。从世俗社会的角度看，公冶长是个罪人，人们避之唯恐不及，孔子却要指出，按内在标准衡量，公冶长是个“君子”，人们非但不该躲他，反而应该格外信任，甚至可以招他做女婿。

王充怎么看这一段？他说：“孔子不妻贤，妻冤也。”意思是，孔子招女婿，不招有品德、有能力的人，专招被冤枉的人。而且他认为公冶长被关，要么“有非辜之言”，要么“无行能之文”，也就是认为公冶长入狱可能是因为说错了话，可能是被冤枉了却没有能力替自己辩护，从这个角度看，他不是适合嫁女儿的对象。

王充的质疑，来自他根本不了解孔子是一个什么样的人，拥有什么样的信念，用什么方式来表达和沟通。在《论语》中，孔子问子贡：“女与回也孰愈？”意思是，你与颜回谁比较高明？子贡回答："赐也何敢望回。回也闻一以知十，赐也闻一以知二。"子贡的回答是，当然是颜回比较高明，我自己知道了一件事，可以推论两件；颜回知道一件事，能推论十件。然后孔子又说："弗如也！吾与女弗如也。"孔子很赞同，说子贡确实不如颜回，而且在这方面，自己和子贡都不如颜回。

这段对话充分显示了孔子针对弟子不同个性的特定教法。他为什么要让子贡拿自己与颜回比较？因为"子贡方人"，即子贡最大的问题是爱批评别人，孔子曾经批评他："你怎么有那么多闲工夫批评别人呢？我就没那么闲！"批评别人，挑别人毛病，背后的心理是自大，而不能服人也就很难向别人学习。所以，孔子用这种方式教导子贡，要他学习发现别人的优点，更要学着佩服别人。子贡是聪明人，孔子一问，他就知道意思了，于是他不仅表示自己佩服颜回，还明确地说出佩服之处，也就是自己有待学、有待进步的地方。得到这样的答案，孔子很高兴，给予子贡很高的赞扬和支持，特别说：这样就对了，别怕不如别人，我做老师的难道就什么都比学生强吗？在你说的这一点上，我也比不上颜回，我们都得向他看齐。

通读《论语》，这样的师生对话，很容易理解。但王充就偏偏陷入与子贡相同的毛病里，刻意挑剔。他质疑说："孔子出言，欲何趣也？"意思是，孔子经常称赞颜回，干吗还要问子贡"你和颜回谁更高明"这种问题。王充看不到孔子的用心，更体会不到孔子的用意是要矫正"子贡方人"的习惯。

对"宰予昼寝，子曰：'朽木不可雕也，粪土之墙不可圬也。

于予与何诛？'”这一段，王充也觉得不满。宰予白天睡觉，老师将他比作“朽木”“粪土之墙”，表示拿他没办法，放弃教他了，不想再骂他了。王充替宰予打抱不平，他说：“人之昼寝，安足以毁行？毁行之人，昼夜不卧。”意思是，白天睡觉有那么严重吗？真正没有品行的人，是白天、晚上都不睡觉的，宰予只是白天睡觉，孔子不用气成这样。

唉，真不知道王充是怎么读《论语》的，还有他关于“毁行之人”的观念又是怎么来的。孔子并不是真正放弃了宰予，真正不教他了。紧接着，孔子还有一句话，解释了自己生气的原因：“始吾于人也，听其言而信其行。今吾于人也，听其言而观其行。于予与改是。”他说：“以前别人跟我说什么，我就相信他会那样做；现在呢，别人跟我说什么，我用他所说的来观察他的行为，不再直接相信了。这是宰予让我改变想法的。”

显然，其中的重点不是宰予白天睡觉，而是宰予说谎。他在孔子面前说自己会很辛勤、很认真地学习，实际上却在白天睡懒觉，被孔子发现言行不一，孔子才发脾气的。而且孔子教的，孔子看重的，是学生的自主性，也就是学生愿意学习，在学习中得到乐趣，因而“发愤忘食，乐以忘忧”。学生自己学习，为享受学习之乐而学习，不是为别人而学习。宰予将学习当作对老师的敷衍，向老师承诺过，却跑去睡觉，这样的态度本来就严重违背了孔子的基本价值信念，难怪孔子生气。

《论语》中有一段：“子张问曰：'令尹子文，三仕为令尹，无喜色；三已之，无愠色。旧令尹之政，必以告新令尹，何如？'

子曰：'忠矣！'曰：'仁矣乎？'曰：'未知，焉得仁？'"子张问孔子一件事情："楚国的令尹（令尹在楚国相当于'相'，是国君以下最高的行政长官）子文，三次当上令尹，却没有因为得到高位大权而显露喜色；他三次从令尹位子上下来，也没有因为失去高位大权而失落，而且一定尽心尽力将职务上的事交接给新的令尹。"子张问孔子，该如何评价子文这个人。孔子说："这是个忠于自己职守的人。"子张进一步问："这样可以算是仁吗？"孔子回答："无法判断，你所说的事，与'仁'无关。"

这里的关键，是孔子对仁的重视，他不轻易"许人以仁"，所以弟子们经常用各种方式"问仁"，想要理解、掌握老师心目中的仁的标准究竟是什么。子张举了令尹子文的例子，问孔子这样是否算仁，孔子明确回答："他用这种态度当令尹，表现出忠的美德，但我们不可能仅凭这个信息，就说这个人是仁。仁还有其他的、更高的标准。"

针对这一段，王充的批评是，孔子意谓"忠非仁"，就好像"父母非二亲，匹配非夫妇也"。王充的比喻说的是，我们说的"双亲"，自然就是父亲母亲；我们说的"伉俪"，自然就是夫妻；所以，我们不能说"双亲不是父母"，"伉俪不是夫妇"。按照这个逻辑，王充认为忠就是仁，忠是仁的另一个名字，二者实际上是同一回事。这与孔子的态度可说是天差地别，我们怎么可能从《论语》中读到孔子所说的仁就是忠？王充对孔子思想的基本认知都没有，却还要"问孔"，这是怎样的心态呢？

06

王充的反驳有时候比他反驳的观点还混乱

《论衡》受到人们肯定的一个重要理由是，王充借着“疾虚妄”，鲜明地反对迷信。他在书中反驳了许多当时流行的迷信。王充反对迷信，这是事实，不过，王充反对迷信时使用的论据，也经常让人感到啼笑皆非。

在《雷虚篇》中，王充反驳了关于打雷的迷信。迷信认为打雷是上天发脾气，王充认为不是。从立场和结论上看，这当然是“疾虚妄”的表现，但如果我们不只是看立场和结论，还仔细看一下王充的推论，那么所谓“疾虚妄”的成就，恐怕不得不打点折扣。

王充说：“隆隆者天怒乎？怒用口之怒气杀人也。口之怒气，安能杀人？人为雷所杀，询其身体，若燔灼之状也。如天用口怒，口怒生火乎？……天之怒与人无异。人怒，身近人则声疾，远人则声微。今天声近，其体远，非怒之实也。”

意思是，打雷是上天在发脾气吗？雷会杀人，表示上天发脾气，从嘴巴里发出怒气。可是嘴巴里发出的怒气能杀人吗？去看被雷打死的人，身体好像被烧焦一般，如果他们是被上天发脾气杀死的，就表示上天嘴巴里发出的怒气会生出火来，嘴巴里发出的怒气能生出火来吗？上天发脾气和人发脾气是一样的，人发脾气的时候，离得近的人听得清发怒之人的怒吼，离他远的人就听不清了。但是，天打雷听得很清，说明天很近；实际上天是在很遥远的地方，由此可以证明打雷不是天在发脾气。

这样的论证逻辑比较混乱。在《实知篇》中，王充批判图谶是“虚”，主张大家不应该相信图谶。他举了一个例子。传说孔子将死前，留下一个谶，预言说：“不知何一男子，自谓秦始皇，上我之堂，踞我之床，颠倒我衣裳，至沙丘而亡。”这是孔子预言秦始皇死于沙丘的一个谶。

王充认为这个预言不可信。这个结论我们当然接受，但我们要看看王充用的是什么样的论据。王充的说法是，他查来查去，发现秦始皇没有到过鲁国。既然秦始皇没有到过鲁国，那他怎么可能上孔子之堂，踞孔子之床，又颠倒孔子的衣裳呢？由此可见，王充反对的不是这个预言本身，而是以他的博学沾沾自喜指出这预言说得不准确，所以它才不可信。王充对文字的理解僵化到甚至比不上如此粗糙的谶。谶所说的“上我之堂，踞我之床，颠倒我衣裳”明显是比喻，描述秦始皇焚书坑儒的做法，在思想、理念上与孔子相反；王充却将之视为事实，认真考察秦始皇到底有没有去过孔子住的地方，有没有跑到孔子的床上搞破坏。

况且，王充自认为了不起的证据，也并不可靠。秦始皇去过泰山，在梁甫举行过仪式，泰山、梁甫都在原来的鲁地，所以秦始皇并非没去过鲁国。历史资料证明秦始皇到过鲁，那我们就该相信这个谶所说的，孔子真的留下一句对秦始皇的预言吗？

王充所做的论证有时比他要反驳的说法或现象，更加荒谬，这是《论衡》的一个缺陷。还有一个缺陷是这本书一方面反对谶纬，认为这是假的、虚的，另一方面却又极力主张祥瑞是真的。谶纬和祥瑞，本来是同一套感应思想下的产物，王充却硬要用双重标准，做相反的评断，这更突显了他将私人动机置于论证之上。他相信祥瑞，因为他要以此颂扬朝廷，希冀得到政治权力的青睐。

王充的确提出了一种自然观，他说："春观万物之生，秋观其成，天地为之乎？物自然也。"意思是，物是自然生成、自然变化的。他表达了对超自然力量掌控自然的反对。不过首先，他的反对立场并不一致，遇到与朝廷、皇帝相关的事情，他可以毫不顾虑论证，将自己的观点一百八十度转弯。其次，他不是科学家，他用于主张自然的论证，并不符合科学精神，他提出的许多论证和论据不合逻辑。

因此，我们读《论衡》真正的重点，不是将王充定位成古代中国的科学家，而是回到他所处的时代，确认他与别人有很不一样的想法，进而追究：为什么他会有如此不一样的想法？

其中一个原因是他的儒生概念。作为一个"乡曲之士"，王充无法深刻体会儒家的精神和价值体系，他自以为是地将儒生窄化为看过很多材料，比别人多知道很多事的人，以此态度睥睨周围的人，发泄他怀才不遇的郁闷之情。因而，他著述的动机，从一开始就是显明自己在知识见解上的独特之处，习惯性地反对别人的看法，批判别人的错误。他认为这样就能证明自己比其他人都优秀，是个被埋没在乡下的天才，期待着有一天可以得到他渴望的名声和肯定。

王充写作的动机是“标新立异”，批判别人，显明自己与别人不一样，对他来说比什么都重要。于是《论衡》里当然就有很多与那个时代不同的独特看法。要说王充有独立思考的精神，没问题，但独立思考的结果，不见得都是好的。更重要的是，我们无须因为他的想法与当时的流行见解不同，便刻意拔高他的地位，说他有多么了不起。我们需要回到时代的处境弄清楚历史事实及其背后的原因。

07

《论衡》与时代思想风气的转移

在历史上，王充及其《论衡》之所以重要，不在于其思想本身的价值，而在于《论衡》对汉末到魏晋的思想风气转移，起到了关键作用。

这就涉及汉末的一位名人——蔡邕。因为王充是个“乡曲之士”，他生前和死后，著作都流传不广。在偶然情况下，蔡邕读到《论衡》，就将这本书藏起来，作为自己的“秘书”。蔡邕为什么要这么做？因为王充所发的许多语不惊人死不休的议论，真的能“惊人”，能在谈话中发挥令人意想不到的效果。

蔡邕拥书自重，与别人谈话时，时不时就引用王充的奇谈怪论，立刻吸引了别人的注意，如此便主导了谈话。凭借《论衡》提供的丰富话题，蔡邕可以掌控谈话场合，提升自己的地位和影响力。

于是，蔡邕成了《论衡》最有力的宣扬者。他说出的奇谈怪论引起了大家的注意，大家都好奇为什么他有这么多不一样的想法。终于，秘密藏不住了，越来越多的人知道了《论衡》这本书，知道了要说出可以吸引别人注意的话，就该读《论衡》这本书。于是，这本书从原本的乏人问津，一下子变成众人追捧了。

这个过程还涉及太学。王充从来没有上过太学，也就是他没有机会进入京城的知识中心求学，这是他极大的遗憾，也是使他一直脱离不了“乡曲之士”限制的主因。然而通过《论衡》，王充却在去世以后得到太学的双重肯定。

一重肯定是，明明没上过太学的王充，凭借《论衡》取得的名声，当范晔创作《后汉书》时，就给他添加了一个太学的资历，并且说他的老师是班彪。也就是说，按照正史，王充是太学生，而且拥有显赫的知识谱系传承。范晔的记录没有根据。《论衡》中有《自纪篇》，《自纪篇》写于王充晚年，而且前面我们分析过《自纪篇》的写作态度，王充已经自我膨胀到那样的程度，如果他真的上过太学，师从班彪，他怎么可能不把这段经历写进《自纪篇》里?

王充在《自纪篇》中没有提及进入太学或受征召的经历，而且如果他曾经被朝廷征召，他也就不会在《论衡》中反复表达怀才不遇，希冀朝廷垂青的情绪了。

很显然，在范晔写《后汉书》的时候，王充的名气早就因为《论衡》的流传而变得很大了，他并非一名典型的学问家，相对而言留下的传记资料很少。因此，人们以讹传讹，想当然地假定他的学问应该有正式的来历，想象他与同时代的士人有同样的资历，进入过太学，受教于名师。

另一重肯定是，王充及其《论衡》对改变太学的风格起到了重要作用。在东汉，太学是最重要的文官晋升机构，而太学培养文官，主要是通过经学。从西汉到东汉，经学越来越建制化，其知识形式也就越来越标准化——课程标准化，内容标准化，考试、评比也标准化，在这个标准化过程中，章句之学就变得越来越重要。

章句之学是将经书分解为一个个字、一个个句子，详细解释字句的意思。随着时间推移，对字句的解释积累得越来越多，大家都在竞争如何用更繁复的方式解释字句。章句之学的最大好处，就是不碰触文章的全面意义，单独看待细节，这样可以减少很多争议，或者说可以减少不同的、冲突的解释。章句之学是经学中最适合标准化的部分，章句之学的发展也反过来推动了经学的标准化。

章句之学是知识官僚化的必然发展，而章句之学又有自我繁殖、烦琐化的巨大潜能，于是，一方面经学的追求越来越琐碎，另一方面，研究经学也越来越困难。进了太学，很多人耗费多年工夫，背诵、推敲一字一句的解释，却无法掌握整本经书究竟在说些什么。

太学成了章句之学的中心，学生在里面一待就是好多年。太学位于京师，又是培养官僚人才的地方，所以它很自然地成为一股政治力量。外戚和宦官有现成的途径分享皇权，外朝只能在外面联络、培养自己的势力，太学中长期、固定的师生关系逐渐成为外朝集结的重要方式。

不属于豪族世家的人要在社会上向上流动，就争取进入太学，投入有实力的人的门下，成为其门生或属吏，获得一定地位。于是，围绕着太学，形成了一个又一个团体，太学必然卷入政治斗争中。

太学本身的两种角色、两种性格，有冲突、矛盾之处。一方面其学问形式，是极其细密、烦琐、枯燥的章句之学；另一方面，太学却又卷入热闹活泼、随时变化、赌注很大的现实政治斗争中，成了政治集团升降、角力的一个场所。

慢慢地，上述冲突、矛盾改变了太学的风格。这个改变，主要是“章句渐疏，多以浮华相尚”，也就是在现实政治的吸引下，大家越来越没兴趣费时耗工夫研究、记诵“章句”了，转而追求“浮华”。所谓“浮华”，主要是指言辞，就是大家谈话、对待知识的态度，不再以一字一句的标准答案为满足，转而追求夸张的、有趣的、雄辩的、华丽的言谈风格。

党锢之祸后，这个改变更明显。本来为了做官而忍受无聊章句之学的人，突然之间，发现自己的仕途变得如此无望，要么是自己被列入“党锢”的名单，被剥夺官僚任用资格；要么是自己的老师从官僚体系中被赶出来，也被“禁锢”了，自己也就失去了靠山，失去了晋升的通道。

这时，章句之学迅速失去了吸引力，而现实政治相对而言变得格外受关注。太学里的人纷纷抛弃章句之学，转而积极议论时政，而且采取的是强烈反对、批评现实政治的立场。而王充的《论衡》尤其批评“章句之学”，这本书流传开来之后深获人心，同时也为太学人士提供了谈资，于是广受传布。

08

叛逆而个性的游谈

浮词就是相对章句之学的现实语言、政治讨论。和浮词相关的另一个概念，是游谈，游谈指的就是谈些经学以外，尤其是无关章句之学的内容。还有一个相关的概念，是清议，那就是以清流的立场来议论时政，其中心仍然在太学，但清议显然已经与章句之学无关了。

从章句之学到清议的过程中，另一个重大变化，在于文字和语言二者地位的变化。章句之学的主要表达工具是文字，其内容太烦琐，也太标准化了，很难用谈的，更难让人听懂。章句之学的地位下降，语言、谈话的空间便有所扩张，且对现实政治的评判，有立即感。语言，而非文字，就成了更适合的形式。

汉末有清议，魏晋有清谈，这二者之间有关联。除了都是

"谈"，都是以语言而非文字为主的活动之外，还有对人才、人品的关注，作为二者之间的联结点。

在传统说法中，对清议发展到清谈，有一个想当然的解释，说的是"党锢"使以太学为中心的清议活动受到威胁、迫害，以致这些原本充满政治热情、积极议论时政的人因害怕而转向，他们不敢再谈论犯忌讳的现实政治议题，于是逐渐去除了议论中的政治成分，越谈越空洞。这样，清议变成了玄谈，人们都只说些虚无缥缈、玄之又玄的话题。

这样的解释，不能说是错的，但说得太简化了，与史料呈现的，有一定的差距，值得细究、补充。史料呈现的，不是直接由清议到清谈，而是先从清议发展到游谈，再从游谈发展为清谈。

从清议到游谈，中间的关键正是章句之学的没落。章句之学失去了过去的权威性和重要性，相当于拆掉了太学的一根支柱，以至于太学里人的集结，必须寻找新的原则和标准。没有了章句之学的标准，又不能简单地找讲经的老师，以聚集在他的门下，或自然地与他门下的其他学生聚集在一起，那么，要如何寻找适合集结的人？又如何让别人看到自己，知道自己是个值得集结的人才？

借由谈话，借由谈话的表现。在旧标准没落、文字重要性下滑的环境里，人突显自己、争取别人注意的最好的方式，就是说话。说吸引别人注意的话，用特别的语言内容吸引别人，从而给人留下深刻印象，这是游谈的主要功能。

这也能解释蔡邕与《论衡》之间的关系。蔡邕利用《论衡》中的各种古怪议论，不仅能够引起别人的重视和注意，甚至还能开启新的风潮。所以我们说这是去世了的王充对太学的“报复”。生前进不了太学的人，死后却凭著作改变了太学，至少是参与了太学的改变。

09

《论衡》提供了魏晋游谈所需的奇谈怪论

不仅是蔡邕，当时崛起的大部分名人，都是某种意义上的“辩士”。他们好辩、能辩、善辩，不仅具备杰出的口才，还能找到特殊的谈话内容，因而得到高度关注，名声显扬。

游谈“以浮华相尚”，追求有趣甚至诡奇的谈话，形式很自由，一开始就是闲谈，后来才慢慢从不拘形式的游谈逐渐演化为讲究规矩的清谈。游谈是大家一起谈，自由地吸引听者的注意，但清谈就开始产生规范的形式，代表了乱世之中知识界、贵族圈主要的一种追求，那就是不仅要讲究谈什么，还要讲究如何谈。

谈的方式，是从经师讲经的模式演化而来的，类似近代西方的文艺沙龙。聚会中，像蔡邕这样的善言者，就从《论衡》里“偷”出一些惊人的话语或主张，比如反对孝顺父母之类的观点，产生震撼效果。谈话场合发生热闹的争辩，也让参与其中的人对蔡邕产生了深刻印象。

清谈进一步发展，沙龙式聚会就让位给更有组织的安排活动了。安排的核心，是有了主讲的谈客，也就是已经有了善谈名声的人，他们先做一段正式的演说，保证这一天的聚谈很有料。为了增加效果，组织者还会指定另外一个人，担任“作难”的角色，顾名思义，也就是负责提问、质疑或标举反对立场的人。“作难”说过后，主讲的谈客再回应，如此反复而形成了一种类似辩论会的谈话模式。

不仅如此，当场辩谈了之后，还有延伸的会后活动——“公论”，参与清谈的人紧接着评论刚刚的现场状况，或许有人认为主讲的谈客已经被“屈”，也就是主讲人败下阵来，有人则觉得主讲的谈客很厉害，没有露出严重破绽。

完整的清谈，有“倡理”，有“作难”，有“辩”，还有“公论”。这样的活动，就成了当时贵族社会、贵族文化维系其内部团结意识的重要形式。外在环境快速变动，既有秩序迅速崩坏，魏晋时期的豪族世家非但没有随之瓦解，反而更紧密、更稳固，其中一部分原因便是这种从太学演化出的由清议而游谈而清谈的聚会活动。

清谈的风气，涉及谈什么、如何谈，还涉及谁来谈，谁有资格谈，也就是参与者的身份问题。只有具备同样身份、同属于豪族阶层的人，才能够进入清谈。从另一个角度来说，属于这个阶层的人，必须能谈，至少能听得懂别人谈的，能评断别人谈的，这又成了豪族世家基本的内部修养。

清议刚转为游谈时，谈的主要是奇谈怪论。王充的《论衡》就是在这种背景下受到重视的。王充的边缘观点，以及他琐碎的炫耀性学问，最适合在那种环境里作为游谈的题材。从那么一大本《论衡》中摘取出一段奇谈怪论，就可以让大家谈上好一阵子了。

这也就是为什么讲这段历史，即从汉末到魏晋，由经学到玄学的转变，不能不谈《论衡》，不能不肯定《论衡》的重要性。但容我再提醒一句，在历史上，《论衡》的另一个反讽在于，这本书的重要性绝对不是建立在这本书发表了“持平之论”的基础上，或者源于它揭示了什么了不起的真理，恰恰与其书名相反，《论衡》的影响力来自“不衡”，也就是其片面、偏颇的主张，这些内容正好构成了那个时代游谈所需的奇谈怪论。

用奇谈怪论吸引别人的注意，清谈逐渐发展出了两种主要倾向，一种是探讨“人”或“人才”，从而让人对人的多样性有更深刻的认识，这反映在刘劭的《人物志》一书中；也让人对人的多样性例子进行专门的搜集，这反映在刘义庆的《世说新语》一书中。

另一种倾向则是更有系统的怪论开始出现，结合传统的老庄思想和外来的佛教思想，构成了玄学，“谈玄”开始大为流行。在贵族文化的脉络中，“谈玄”还有另一个作用，那就是它进一步分化了阶层。“玄”所需的知识和语言门槛更高，不是人人都能谈的，于是，贵族中又分出能谈玄的和不能谈玄的，当然前者的地位高于后者。

10

玄学诞生的思想基础

如此巨大的思想潮流转变，当然反映了外在环境的影响。政治败坏、王朝瓦解、连年战乱、生产残破，这些都是促成变动的力量。但外在环境不是唯一因素，不能单纯以外在因素解释这种思想现象。只看外在因素，忽略思想的内在变化过程，很容易将玄学仅仅解释为逃避现实的学问，也就很容易犯下两个历史解释的错误：第一是无法认真严肃地看待玄学丰富而复杂的内容，尤其是其中的宇宙论、人生论思考；第二是容易忽略玄学的社会关系，以及当时贵族组织之间的互动联系。

就内在思想的演变而言，理清从清议到游谈再到清谈的这条脉络，大大有助于我们理解"正始玄风"，以及说明佛教在中国稳固其地位和建立其特殊风格的原因。这是我们理解玄学和佛教不可或缺的基石，而其中最底下的一块，显然就是《论衡》。

作为奇谈怪论，王充的《论衡》很有趣，然而我们若是不加批判地接受《论衡》的观点，必然会影响我们的逻辑思考能力，更糟的是，必然会伤害我们对中国传统儒学的认知。王充提出许多质疑，甚至包括对孔子的质疑，然而他的质疑主要来自他对儒学的误解，或者说得更直接些，来自他无法趋近孔子的人格和态度。他无法进入孔子的思想世界，那是他的缺憾、他的悲哀，绝对不应该被误解为他的成就。

先秦一度有专门研究逻辑思考方法的思想派别，那就是名家。名家对“名”的讲究，实际上开发出了一套以语言运用为核心的形式逻辑，然而到了战国末期，在大一统的过程中，雄辩没落了，名家也一并被忽略了。

汉朝流行的感应说，更是严格逻辑的大敌。感应中，某事与某事有所感应，如何感应，有着强烈的主观任意性。靠感应建立起的关系，缺乏道理上的一致性，也就是同样的现象可以做出不同的感应解释，同样的感应关系又可以产生不同的效果，人们没办法归纳其对应关系，更没办法讨论。

在这样的环境中，王充显示出特殊、极端的人格特质。比起同时代的其他思想者和著作者，比如扬雄、王符、仲长统等，他格外在意说出与别人不一样的话，又格外不在意自己前面说了什么，以及前面说的会不会与后面说的产生矛盾。他的思考是片段化的，这里一块那里一块，他追求个别论点的新奇独特，却不曾意识到要建立一个整合各个片段的逻辑体系。

王充的奇谈怪论开启了从游谈到清谈的变化，而“正始玄风”兴起，形式化的辩谈规矩产生，系统化的思想方法开始浮现。这个时期思想界受佛教影响，就包括佛教带进来的新的思考方式。对中原王朝人士而言，佛教教理如此新鲜，而且表达佛教教理的逻辑，也是中国士人原本感到陌生，也没有能力运用的新知识。那些从西域来的佛教徒，就是凭借系统的思辨才华，进入贵族世家的环境里，迅速扩展了佛教的势力。

第九讲

魏晋新文化的形成

01

以人物为中心的历史观念

汉末的清议以太学为中心，太学原本是传授经学和培养人才的机构，与官僚体系关系密切，因而太学很容易成为谈论、评议政治的地方。

在清议的发展过程中，产生了谈论政治的特殊方式，连带产生了一套以人物品评为中心的政治观念和政治语汇。相较于评论政治制度，品评人物好坏要容易得多，何况那个时代并未出现完整、复杂的观念、语汇来理解、讨论政治制度运作，于是人们很自然地将政治的良莠都归在"人"的因素上。好人让政治变好，坏人让政治变坏，这是最简单的因果道理。这样，好人和坏人如何评断、分辨，就成了政治讨论的核心议题。

东汉原本就重视品评人物，《汉书》中就有了《古今人表》，它给历史人物排高下。清议进一步发展出更丰富的语汇用以描述人物、评价人物，人物好坏几乎成了一切权衡的中心。从人物好坏的角度看政治，谈论政治，这已经成了中国文化中的一种固定视角，这种传统早在东汉就稳稳地确立下来了。《史记》中占据最大篇幅的是列传，不过太史公清楚地意识到仅从人的角度记录历史，是不完整的，所以，他设计了书和表等其他记录形式。然而后来的史书，显然让人物传记的分量更重了，相对忽视人物传记以外的历史内容。

非传记的历史叙述，一方面对作者而言比较难写，另一方面也给读者造成较高的阅读门槛，因此，写作能力较差、撰写条件较差的人或机构，就很难有效地创作出非传记的历史著述。《后汉书》在体例上只剩下纪和传，而纪实际上也是传，只不过是帝王的传，如此相当于史书都用人物传记来呈现一个时代。

虽说正史的体裁都能追溯到《史记》，不过后来的正史都是以纪传为基本框架，没有纪传，史书就无法成立。相较而言，缺乏贯时性的表或制度描述，却没有太大关系。有纪传的史书，就被认定为一般、正常的历史；没有纪传的史书，就必须另外分类，比如制度典章史，就被看作历史的特定分支，而不被视为历史本身。

02

从清议到九品中正制

清议品评人物高下的观念和方法，在曹魏时期，被应用在晋用人才的九品中正制里。清议原先是对已经拥有官位和权力之人的评头论足，看看他们是否适合各自的位子，在位子上做得好不好。而九品中正制将程序反过来，也就是评判什么样的人适合被放在什么位子上。

九品中正制反映了现实的需要，朝廷必须重建人才晋用的通道。汉朝原有的人才晋升系统，在战乱中基本上都瓦解了，不仅中央的经学教育和考核系统荡然无存，而且地方的荐举也已经无法有效进行。于是新政策主张，由在京的地方代表，为各自出身地方的人才评等级，从“下下”到“上上”，分为九个等级。

这样做的道理是，一方面朝廷认定这位代表对自己地方的人才有一定的认识，另一方面朝廷顾及此人就在京城的方便，不必依赖战乱中早已不可靠的地方行政系统，即可选拔人才。如此方便行事，还有一个不容忽视的背景，那就是中央的官僚体制难以维持汉帝国鼎盛时期的规模和作用，很多官位变成了“虚官”，还有很多官位早已消失。

九品中正制的另一个背景是中央与地方关系的改变。经历了汉末乱局、地方割据，中央对地方的掌控失效了，地方的自主性越来越强，中央无法有效地统治地方，很难确切地拔擢地方人才，所以中央必须改以地方对人才进行评等这个政策，维持人才仍然来自各地的表象。也只有通过地方上的中正官，中央朝廷才能建立与地方人才的联系。

地方分权的态势使中央放弃介入地方人事和权力分配。不像以前的太学，从教育到考核有一个完整的过程，九品中正制的评判带有强烈的主观性，它基本上全被委托给中正官，中正官可以用自己的标准自由地给人才评等级。能当上中正官的，都是在地方和中央很有影响力的人，毫无例外都出身于豪族世家，没有这样的出身，他们无法得到这样的官职。

中正官显然是按照地方的现实权力状况，而不是按照人才的潜力评等级。少数与中正官一样出身于豪族世家的子弟，必然得到“上上”“上中”“上下”这种等级，这叫作“下品无世族”，他们的评等绝对不会掉到“下”的那一区。至于没有豪族世家身份的，中正官怎么会认识呢，又有什么理由给他一个高的评等呢？这叫作“上品无寒族”，即出身背景不好的，永远挤不进“上”的那一区。

没有门第背景的人，要靠九品中正制在社会上提升地位，简直没有一点机会。于是，九品中正制从原本设计的人才晋用机制，转型成为豪族世家巩固垄断政府职位的手段。他们借此界定出越来越清楚也越来越封闭的权力区域，紧紧固守，不让“非我族类”的人轻易进入，因为那是他们的权力禁区。

03

门第是六朝历史的真正重心

什么是门第？从来源上看，门第很好理解，它来自宗族组织。周朝建立了全面、严密的封建制度，宗族、宗法就发展为中国社会最基本也是最强大的组织力量。

门第基本上就是将周朝封建秩序的逻辑和精神，再度抬高、发扬，以宗族关系安排人的组织。宗族关系中的亲疏远近是最重要的标准，它决定了一个人能拥有什么样的地位和财富，以此确立、强调森严的宗法秩序。

一个人对某件事有什么意见，能够在家里或社会上有多大的决定权、发言权，这都与其宗族、宗法身份密切相关。其他因素、其他力量就算有影响，也不能超越、颠覆、逆转宗族内部的宗法规范。

在形式上，门第将传统的宗族制度予以重建，并加以严格化。秦汉帝国建立后，帝国编户齐民的身份凌驾于原来的封建宗法关系之上，使得宗族变得没有那么重要，宗族也变得松散了。但到了魏晋，宗族内部的亲属称谓和身份，又变得越来越重要，比如以前使用的“甥”这一总称，现在在门第里，需要更严格地区分“甥”究竟是自己姐妹的儿子，还是妻子姐妹的儿子，且会对二者有明显不同的对待方式。

封建制度强调的礼，在这个时候也重建了，而且更加强化。不过魏晋时期的礼和周朝封建的礼有一个明显的差异，那就是礼的适用范围。周朝封建宗族组织带有外延性，它以姬姓王族为中心，扩散到分封的所有姓族，再从士大夫扩散到一般平民身上。后来，不管身份高低贵贱，人人皆有宗族、宗法，周朝普遍的封建组织原则，适用于整个社会。

如此巨大而绵延的宗族网络，魏晋时期并未完全复制。魏晋的宗族组织是封闭性的，有着严格的边界，只适用于豪族世家内部，与平民和寒族无关。平民和寒族依附于豪族世家，作为其部曲、佃客，他们自己的宗族关系并不重要。虽然他们也必定有自己的宗族，但那只是一般的自然身份，不受人为制定的、复杂的礼的规范，更不涉及权力和利益分配。

魏晋社会有这样的区分，门第以内，有森严的宗族秩序；门第以外，这种宗族秩序并不存在，或不重要。于是，讲究宗族秩序就成了门第的一个特色，讲究或不讲究宗族之礼，就将社会上的豪族世家与其他人分别开来。

豪族世家内部文化中，礼很重要，礼在当时还有一个名称——名教。贵族的生活方式、言行举止都有名教的规定，是什么样的人，就要遵循什么样的行为方式。在贵族之外，宗族只是松散的日常关系而已，二者形成了强烈的差异。

门第正是这三百七十年历史中，中国社会真正的核心要素。

04

魏晋南北朝不同于秦汉的地方

这三百七十年，是从献帝建安二十四年，即公元 219 年，算到隋的统一，即公元 589 年，也就是中国在政治上长期分裂的一段时间。

在这三百七十年里，即便是在西晋短暂统一期间，帝国体制实际上并没有真正统一运作。这个帝国体制，是东周封建制度崩坏后，经历长期的演变，才在秦朝形成，再在汉朝完全确立下来的。在长达约四百年的时间里，中国处于帝国体制之下，一旦帝国体制不再继续运作，那会是一种什么样的情况？

将魏晋之后、隋唐之前的中国与秦汉时代相比，可以明显看出几个关键差异。

第一，即便西晋统一全国，那也只是表面上的统一，它并不具备统一推行政务的官僚系统。没有从中央到地方一贯的官僚系统，那就不叫帝国。九品中正制可以评定地方人才任官的资格等级，却不是一个完整的任官制度。有了资格，不见得就有官可做；另外，这段时间里更突出的现象是，有了做官资格的人，不见得就愿意当官。

九品中正制的深层意义，是将东汉的大族联合政体进一步严格化，借此保证得到任官资格的，一定都是这些豪族世家的子弟。而且，大家在乱世中为了自保，会联合起来支撑中央朝廷，这是一种豪门之间的联盟形式，不是真正的考核任官机制。

第二，从桓帝、灵帝朝开始，经过三国时的大战乱，人口迁移，许多城市没落，甚至消失。它们失去了城市的功能，也就失去了以城市为中心的商业贸易活动。汉帝国成熟时期，城市在商业上的重要性逐渐提升，因而有了《史记·货殖列传》和《汉书·食货志》所记录的热闹现象。但从汉末以降，城市和商业贸易，又随着汉帝国的沦丧而瓦解，在很长一段时间里无法恢复。

活跃的商业贸易，需要有效的货币；有效的货币，有赖强大的政治保障。魏晋以降，大家都信任且具备价值尺度和价值储藏功能的货币基本消失了。没有通行的货币，商业贸易很难进行，商业贸易萎缩、停滞，城市就更难复兴了。

魏晋时期的交易退回到以物易物的形式。实物交易，缺乏货币媒介，就不可能在较远的距离间进行，于是，运输、买卖都成了地区性的。没有货币，没有经济中心，因而朝廷的赋税系统也很难正常运作。没有正常运作的赋税系统，没有稳定的收入，朝廷又要如何维持帝国所需的庞大官僚体制？这是另一个让官僚体系瘫痪的致命因素。

九品中正制授予地方人才任官资格，但官职在哪里？更关键的是，官俸在哪里？过去汉朝官制中的三百石、五百石、二千石，此时只剩下象征意义，这些官没有实际的收入。所以，什么样的人能当官，当得起官？只能是拥有豪族世家提供的经济基础的人，也就是拥有门第支持的人。

05

门第控制庄园，且不断强化

魏晋时期，门第成为社会真正的重心，他们不只是在表面上地位隆崇的大姓大族，而且实际上还控制了巨大的庄园。庄园是当时经济生产的中心，是一个个自给自足的单位。一个豪族管辖一个庄园，在庄园里养着部曲和佃客，在自给自足、不假交易的单位中进行自然经济生产。

没有方便的商业贸易，庄园作为经济生产单位，必须有一定的规模，自己生产所有生活所需的东西，而且在战乱环境中，这样的生产、生活中心还必须拥有足以自卫的武力。这样的武力，受限于经济条件，不会太大太强，仅用于自保。庄园与庄园之间基本上互不侵犯，庄园的豪族主人们，在朝廷里和平相处，九品中正制及其产生的官僚系统，是他们进行权力互动、协调利益的主要所在。

门第，也就是豪族世家，各有各的庄园，各处林立着这样的自然经济单位，这是魏晋时期兴起的新的社会和经济形态。这种庄园，明显是从东汉的土地兼并和大地主制中演化而来。战乱为大地主提供了关起门来保卫自家区域的契机，并将之转化为自给自足的安全区，避免失序瓦解。其他实力不够强的地主，在大乱中不足以自存，就只能流离他处，寻找可以安身的新地方，而大地主的封闭区域是他们向往的目标，他们的投身之所。大地主庄园留这些人，把他们当作劳动力和军事力量的一个来源，这就进一步巩固了大地主庄园的安全，一个个庄园就以这种方式逐渐形成。

庄园是内向性的，以在乱世中自保为其主要原则，不太可能向外侵略。他们必须面对的主要威胁，小一点的是无组织的流民，大一点的则是有组织的军队，而流民和军队，往往也只是规模不同，二者之间只有一线之隔，在名义上有差别而已。

有组织的军队，足以控制朝廷，支持新皇帝即位，以武力降服广大区域。皇帝靠武力起家登基，一时之间令所有门第称臣，但“马上得天下”却无法“马上治天下”，新皇帝立刻就遇到一个重要的问题——如何养活庞大的军队？没有固定、合法的军费来源，军队就会立刻变成流民，新皇帝也就当不成了。想获得固定、和平的军费来源，新皇帝一定需要门第庄园的协助。

国家的经济命脉掌握在门第庄园手中，庄园都有自己的武装，一个刚成为皇帝的武人，绝对不可能攻破所有的庄园。为了保护自身的封闭经济体系，门第愿意与武人妥协，名义上奉武人为新皇帝，接受改朝换代，并为他提供一定的经济支持，交换一段不打仗的宁静时间。

不打仗了，新皇帝却不能任意解散军队。于是，他要么持续依赖门第提供的经济协助，不然只能遵循曹操的屯田政策，将士兵转化为农业劳动者，先实行军屯，再逐渐改行民屯，将原来具备军事身份的部曲逐渐转型为佃客。在这个过程中，原本出身草莽、靠打仗起家的新皇帝势力，也就庄园化、世族化了。

军事势力一旦安定下来，就变成一个新的大族势力，与原有的庄园势力平起平坐，直到另一个军事势力崛起，打破脆弱的共治和平状态。这三百七十年间，类似的情况反复发生，不管新兴的军事势力来自中原，还是来自北方外族，他们终究都以这种方式融入门第庄园体制，并强化了门第庄园环境。

06

从皇帝到平民，意义都已经改变

所以，司马氏建立晋朝前后，皇帝的意义改变了。我们不能再用秦汉时期的皇帝概念，看待这三百七十年间的诸多皇帝。他们不是秦皇汉武，甚至不是东汉大族共治体系下的明帝、章帝。

这个时期的皇帝，并没有一个官僚体系可以让他发号施令，施行统治意志。真正的经济、政治权力中心，是门第控制的庄园，以及门第之间形成的贵族组织共同体。面对这既成的经济、社会组织，皇帝是外来的，是凭借军事势力硬挤进来的，新皇帝有能力带来巨大的破坏，因此，原来的门第不得不接受他，在这个共同体中腾出空间接纳他。

所以新皇帝只是在这个共同体内部当皇帝，而不是凌驾于这个共同体之上，更不可能控制整个门第组织。魏晋南北朝时期的王朝和皇帝，无论在名义上占有多大领土，实际上都不可能用秦汉时期的官僚体制，对中央和地方进行控制、管理。

西晋后期，中原大乱，外族开始大批进入中原。历史上有“五胡十六国”的说法，“五胡”再加“十六国”，这些知识够让学生背到晕头转向了。将“五胡”和“十六国”都背下来，不能说不是认识历史的一种方式，但这种方式很容易让我们产生错觉，而忽略这段历史中更根本，也就是整个社会变动得并没有那么快的结构性现象。

那就是，在“五胡”来来去去、“十六国”起起落落的过程中，在快速变化的军事、政治事件背后，北方的豪族世家一直存在。他们从头到尾都在那里，没有消失。他们用不同方式与那些外族势力打交道，且保持着一贯的精神和信念——你来，你征服，但毕竟有一天你会走；等到你走后，我依然在，而且我一直在。

南北朝时期的颜之推在《颜氏家训》中如此强调家族规范的重要性，让我们看到，在各个外族政权来来去去的背后，真正的社会骨干其实是豪族世家。政治分裂的时代，社会的重心并不在政府那里，而在这些世家大族之中。

一部分世家大族，随着司马氏政权搬到了南方，变成侨姓。南方有特殊的环境，但是这些世家大族的基本性质并没有改变。三百七十年间由豪族世家主导的社会，产生了相应的文化，那是不折不扣的贵族文化。

中国中古时期的社会结构，不同于欧洲中古时期的封建制度。中国中古社会没有分封制度，没有大贵族管辖中贵族、中贵族管辖小贵族的机制，只有一群从汉末大地主演化而来的贵族。他们每一家经营自己的庄园，在乱世中自保，再以他们的资源互相联结，对抗皇帝及其军事力量。庄园里没有分封制度，也没有复杂的手工业行会或工匠组织，这些门第贵族在组织上远比欧洲的封建贵族简单。

贵族社会和贵族文化的第一个特色是，少数人垄断了几乎所有的资源；第二个特色是，在资源分配上实行严格的层级化，越上层的人分到的越多，而且各个层级的人所得资源差别甚大。这样的社会形成了僵化的层级系统，使不同阶层之间社会流动的可能性近乎为零。

过去存在的社会流动因素，这时都消失了。《史记》《汉书》记录的那种贸易繁荣的情形，随着货币、城市、商业机制的瓦解，变得彻底不可能了。《史记·货殖列传》罗列了各种不同行业中致富的人，并清楚地指出他们致富的关键所在，那就是不同行业的社会分工带来各种创造财富的机会。然而，这三百七十年间的主流经济形态是自给自足的庄园经济，有资源、有本事做五百件皮衣，并不值得夸赞。大家都是自己做皮衣，因无固定流通的货币，交易已经退回到以物易物的形式，自然没有现成的销售渠道，生产出五百件皮衣又能卖给谁呢？

更重要的是，在以物易物的状态下，就算生产者幸运地找到了五百个买主，每个人给他的却是一份不同的实物，其中很多是他用不上的，或者更多是他无法储藏的，它们可能贬值或者朽坏。这样，他就没办法储藏自己创造出来的价值，也没有积累价值的工具。

过去社会流动的重要通道是帝国官僚系统晋用人才的经学教育、太学、考试以及荐举等。这样的通道，当时也没有了。几乎没有人能通过学问知识得到任官的机会，或在当官之后提升自己和家庭的地位。当时的逻辑是反过来的，即一个人必须出身门第，才有机会在九品中正制中得到任官的资格，而且就算做了官，官职能给这个人提供的社会地位，远远比不上他原本在门第中已经拥有的地位。

还有一个流动的可能是城市空间。大量人口聚集的城市提供了进行冒险、奇遇或获得非预期结果的机会。在城市里，人与人的关系没有那么固定，人们能遇到不在既有人际网络中的人，这就为人们提供了脱离既有地位限制的可能。但在当时，城市也几乎无法运作了，这种设想难以实现。

07

身份决定一切

那个时代一个明显的特征是“身份决定一切”。一个人在出生的那一刻，比如他生在哪个家庭，是男是女，嫡出还是庶出，排行第几，几乎就已经决定了这个人会获得什么样的人生。曹魏时留下了曹植“七步成诗”的戏剧性故事，故事中的一个关键点是，即便才高如曹植，也不可能凭借自身的才华改变自己作为弟弟的次等地位。他作为弟弟，却才华横溢，这非但不是好事，还会招来杀身之祸。这不仅是曹植个人的悲剧，也是那个时代社会结构的必然。

谈到曹植，谈到逼迫曹植“七步成诗”的曹丕，我们就一定会想到“建安七子”，想到当时繁盛的文学成就，还一定会想到“竹林七贤”。“竹林七贤”不是以“反名教”闻名的吗？他们个个不都是很有个性，不受拘束的人吗？建安七子、竹林七贤，还有那个时代热闹的清谈风气，不都是追求自由、表现自由的吗，与前面所说的身份规范，岂不是互相矛盾？

如果我们不停留于表面的热闹，而是将那段历史考察得更全面、更完整，就会知道，名士、清谈、玄学，实际上与经学、名教同时存在，而且互相印证、互为表里。名士、清谈、玄学正是作为经学、名教的对立面而出现的，如果不是贵族文化的底层有那么强烈而坚固的经学、名教限制，也不会刺激产生出那个时代那么夸张的名士、清谈、玄学氛围。

虽然经学失去了人才晋用方面的意义，这时代也没有了太学，经学却并未真正荒废，而是改变了功能和特性。经学，尤其是其中涉及礼的部分，成为乱世之中世家大族维系内部秩序的根底。强调经学，尤其是高度强调礼，才能够维系世家大族的团结，树立他们内在的规矩，使之不致解体。

放浪形骸的名士只是极少数人，正因为是极少数，所以突出。更重要的是，这些名士，其实个个都是贵族出身，都有世家大族的身份，他们受名教的强烈束缚，才用那么激烈的方式表达反抗。

名士们在以生活显现自由、以言论突出玄学的同时，他们绝大部分人其实都是“名教中人”，经学传统仍然在世家大族内部延续。那时出现了几部有突破性的经书注释，比如何晏注的《论语》，王弼注的《周易》，是经学史上的重要著作，至今仍然流传。也是在那时，出现了后来困扰中国经学研究一千多年的文本《古文尚书》，直到清朝，经过阎若璩的详细考据，才证实流传上千年的

《古文尚书》其实是由东晋的梅赜伪造。梅赜能够伪造出欺瞒后人上千年的文本，也显示出那个时代人们拥有深厚的经学知识。

也是在那个时代，产生了深深影响唐朝乃至宋朝的王肃的《毛诗注》，这部著作确立了一种看待、解释《诗经》的规范。而这些，都还不是魏晋经学的核心，在普遍性和重要性上，它们还不足以与对“三礼”的研究相比。

如果没有“三礼”中的《周礼》，没有对《周礼》的认识和研究，那么就不会有后来北朝制度的建立。北方的世家大族以他们维系的经学知识，与外来的“蛮族”势力合作，创建出北朝的制度，进一步奠定了后来隋唐制度的基础。北朝而非南朝的政治制度，是隋唐所继承、发展的。

从这个角度看，隋唐新帝国在思想上依赖的是六朝时期北方世家大族的礼学，尤其是他们对《周礼》的研究。除了《周礼》之外，《仪礼》《礼记》也都很重要。《仪礼·丧服》在六朝格外受重视。《隋书·经籍志》记录的与《仪礼·丧服》有关的著作便有七十一种。

丧礼和丧服是最讲究亲属关系的，用明确、固定的仪式和服装，严格显示出在宗族系统内人与人之间的亲疏远近关系。丧礼有一个不变的中心，那就是死者，其他人必须按照与死者的关系行事，比如不同的人穿不同的衣服，按规范行事。而且丧礼是一整套的，它将每个人都包含在其中，也就是让每个人都以死者为中心，各居其位。

北朝世家大族格外强调宗族内部的秩序，这种规范是绝对不能打折扣的，更不能出错，这是他们根深蒂固的意识形态，是他们建构世界观的核心，也是他们获得集体安全感的依据。在这样的情况下，人们把丧礼、丧服区分得越来越细，要将所有的亲疏等级差别都显现出来，而每次进行丧礼，也就再次加强了这套等级秩序的规范力量。

亲族关系会随世代而改变，严格的亲族秩序，有赖于固定、明确的谱系记录。家谱、族谱在那个时代获得长足发展，当然不是偶然的。家谱、族谱往外扩延，私家著史这种新潮流就出现了。

如今能够查得到的私人著述的后汉史，有十三种；三国史，有十五种；两晋历史，则有二十多种。有意思的是，虽然这些著作都不是官方主导创作的，但它们大部分都有意识地沿用了《汉书》的体例和精神。《汉书》是正史，是官方著史的原型，私人著史却模仿《汉书》，这显示出过去的朝廷体制，已不是由朝廷来运作了，其功能已改由世家大族承担。那些有资源、有能力修史著史的人，当然都来自世族门第。

08

贵族身份的区分与五石散

六朝时期的贵族社会，有贵族社会相应的特殊需求，其中一个是表现身份区分。丧服之所以格外重要，部分原因也在于，穿着不同丧服，可以通过外在的形式，将人与人之间的身份差异明确地表现出来，不会混淆，也不必猜测。一眼看过去，就知道谁的身份比谁高，谁与谁是怎样的关系。

越是拥有显耀身份的人，越是希望将自己与别人区分开来。不表现出这种差距，岂不白费了自己的身份和地位，而且无法赢得身份较低之人的尊敬？所以，六朝贵族社会必定发展出夸张、复杂的服饰风格，这种做法实际上相当于将等级差别的身份和地位穿在身上，避免人们混淆。

18 世纪欧洲的宫廷文化中，男男女女都要化妆，男人要戴假发，女人要穿上夸张且不方便的蓬裙，这就是典型的贵族社会的特征。中国六朝时期的贵族，也发展出类似特征。

六朝贵族生活中，有一项外表的变化与道教的发展有着微妙的关联。早在汉末，因中心瓦解而在各地兴盛起来的道教，产生了不同的支脉，其中一支是符箓派，另外一支是金丹派。

符箓派直接从汉朝的感应信仰中演化而来，其特征在于控制感应，改变感应的结果。它有符，有箓，还有各种门道，旨在介入自然五行的运作，号称能够帮人“改运”，趋吉避凶。金丹派则是来自求仙、求长生不死的信仰传统，试图炼出“金丹”，人吃下去就可以不死，可以成仙。

魏晋之后，符箓派继续在社会底层流行，而金丹派则进入了门第贵族的生活中，产生了很大的影响。最大的影响反而不是吃长生不死药，毕竟这种药很难见效，吃了的人，还不照样都死了？能够立即见效的，是一种求仙的丹药，叫作五石散。

人吃了五石散，能在很短的时间内，改变外表，他的皮肤变得细腻白净，而且白里透红，看起来极其漂亮。于是，当时的人便相信，服用五石散可以让人脱离原来的世俗状态，越来越趋近于“仙”。“仙”长得和人不一样，而服用五石散的效果正好符合当时的人对“仙”的想象。

五石散能产生这种神奇的效果，主要靠的是其中所含汞的成分。汞元素有毒性，所以五石散其实是毒药，它带来的皮肤变化是身体中毒的一种表现。但当时的贵族对如此漂亮的皮肤趋之若鹜，因为贵族社会有强烈的表演欲，极度讲究在外表上与地位不够高的人区分开来。贵族渴望弄出吹弹可破的独特皮肤，又吃得起五石散，这种风气便流行起来。

关于五石散，鲁迅的名文《魏晋风度及文章与药及酒之关系》中有几段话写得很精彩：

五石散是一种毒药，是何晏吃开头的。汉时，大家还不敢吃，何晏或者将药方略加改变，便吃开头了。五石散的基本，大概是五样药：石钟乳，石硫黄，白石英，紫石英，赤石脂；另外怕还配点别样的药。但现在也不必细细研究它，我想各位都是不想吃它的。

从书上看起来，这种药是很好的，人吃了能转弱为强。因此之故，何晏有钱，他吃起来了；大家也跟着吃。那时五石散的流毒就同清末的鸦片的流毒差不多，看吃药与否以分阔气与否的。现在由隋巢元方做的《诸病源候论》的里面可以看到一些。据此书，可知吃这药是非常麻烦的，穷人不能吃，假使吃了之后，一不小心，就会毒死。先吃下去的时候，倒不怎样的，后来药的效验既显，名曰"散发"。倘若没有"散发"，就有弊而无利。因此吃了之后不能休息，非走路不可，因走路才能"散发"，所以走路名曰"行散"。比方我们看六朝人的诗，有云"至城东行散"，就是此意。后来做诗的人不知其故，以为"行散"即步行之意，所以不服药也以"行散"二字入诗，这是很笑话的。

走了之后，全身发烧，发烧之后又发冷。普通发冷宜多穿衣，吃热的东西。但吃药后的发冷刚刚要相反：衣少，冷食，以冷水浇身。倘穿衣多而食热物，那就非死不可。因此五石散一名寒食散。只有一样不必冷吃的，就是酒。

吃了散之后，衣服要脱掉，用冷水浇身；吃冷东西；饮热酒。这样看起来，五石散吃的人多，穿厚衣的人就少；比方在广东提倡，一年以后，穿西装的人就没有了。因为皮肉发烧之故，不能穿窄衣。为豫防（预防）皮肤被衣服擦伤，就非穿宽大的衣服不可。现在有许多人以为晋人轻裘缓带，宽衣，在当时是人们高逸的表现，其实不知他们是吃药的缘故。一班名人都吃药，穿的衣都宽大，于是不吃药的也跟着名人，把衣服宽大起来了！

还有，吃药之后，因皮肤易于磨破，穿鞋也不方便，故不穿鞋袜而穿屐。所以我们看晋人的画像或那时的文章，见他衣服宽大，不鞋而屐，以为他一定是很舒服，很飘逸的了，其实他心里都是很苦的。

更因皮肤易破，不能穿新的而宜于穿旧的，衣服便不能常洗。因不洗，便多虱。所以在文章上，虱子的地位很高，“扪虱而谈”，当时竟传为美事。

化学家刘广定，受鲁迅这篇文章的启发，凭借他专业的化学知识，整理了六朝的史料，得出了一个长期被忽视的结论，那就是，这个时期的许多皇帝，可能有一半，都是慢性中毒而死的。服用五石散的习惯，还成了政治稳定的一个变量。

09

清谈风气对生活方方面面的影响

六朝时期的清谈，发展到后来，越来越像表演，不仅讲究谈的内容和谈的形式，而且讲究谈的道具和场景。

今人若要拍以六朝为背景的电影，一定少不了的道具，是麈尾，做法是在竹条或木条的一头绑上一串马尾毛，可以拿在手上挥来挥去。后世的戏剧中，与道家、神仙有关的剧情，总要让角色手里拿一根麈尾，这种设计就是源自六朝清谈。

为什么要用麈尾？很简单，谈客在讲谈中一定会使用手势加强效果，后来仅靠两只手做手势便不够用了，那就再加上麈尾助谈，这也是为了增加谈话表演的戏剧性。

清谈的戏剧性提高了，现实性也就随之不断降低。清谈开始时的一个主题是才性，这是明显延续清议而来的，其核心是我们究竟如何辨识和理解人才。人有怎样的天性，会产生什么样的能力？不同的能力，各有怎样的优点和缺点？一个人适合做什么事，不适合做什么事？这也就是刘劭的《人物志》关注的焦点和论述的内容，这样的著作显示出在乱世中任用人才的现实需求。

这样的话题，越到后来越抽象，也就越来越远离现实。清谈的焦点，不再是如何辨识人才，如何用人，而是“才”与“性”这二者之间的关系，即讨论一个人的天分和能力，到底是同一回事还是两回事。关于这个抽象的议题，人们产生了四种立场：才性同、才性异、才性离、才性合。第一种立场认为，能力和天分是一样的，一个人表现在外的能力，同时就代表他内在的天分；第二种立场认为，能力归能力，天分归天分，前者是后天的，后者是先天的，它们是两种不同的东西；第三种立场认为，能力和天分是区分开来的两种概念，是我们看人的两种不同角度；第四种立场认为，天分和能力虽然是两种东西，但它们紧密结合在一起，无法分开。

清谈进行的时候，参与谈话的人要选择自己的立场，然后摇着麈尾，或优雅或雄辩地说出自己的理由，之后再与不同立场的人互相诘难问答。清谈变成了辩论赛，并在一定的规则下进行，这是一个表演的舞台，看谁能在规则的约束下表演得最好。这种表演远比谈出什么有智慧、有启发的言论更重要。

因而清谈中出现了一波又一波的流行话题。才性这个话题流行了一段时间，谈得太多也谈不下去了，于是名士们转而流行谈“自然与名教”这个话题。谈这个主题，是理所当然的事情，因为名教是维系当时集体秩序的主要力量，这些人都生活在名教的规范中。然而，乱世造成的秩序瓦解，又必然带来一种反人为秩序、不相信人为秩序的悲观看法，持这种主张的人反其道而行之，抬高自然，以追求自然为时代的出路。名教与自然之间存在张力，二者都是宽泛的大题目，很适合作为辩论的主题。

讨论名教与自然，还有一个社会功能，就是为名教背后的贵族秩序提供合理化主张。有的名士主张，名教即自然。也就是说，为什么会有贵族阶级，为什么会有人高高在上，而其他人却身处卑贱？这就是自然，这种等级差别是自然秩序的一部分。在清谈中，名士以戏剧化表演的形式，谈论并突显自己的价值观。

清谈的戏剧化表演的领域，从有限的谈论形式，扩展到生活的方方面面。这样，不仅出现了语不惊人死不休的风格，还有名士将自己的生活刻意弄得与别人不一样，刻意追求惊世骇俗的风格。这些名士主张，名教是反自然的，而自然应该高于名教，那么人就应该按照自然，过一种反名教的生活。

强调自然，反对名教，名士们一方面从《周易》《庄子》《老子》等书中汲取关于自然的种种观念和说法，后来又添加了外来的佛教教理；另一方面则追求在生活上以戏剧性的方式反对名教，通过表演展现。这派名士中最有名的，前有“八达”，后有“七贤”，“七贤”的名声比“八达”更响亮，所以后世讲魏晋历史，就一定要提到“竹林七贤”，他们成了那个时代的代表人物。

10

“竹林七贤”与魏晋艺术的开创性

“竹林七贤”中的个别人物，如阮籍、嵇康，在思想和文学方面成就很高，值得我们专门仔细探索。不过就整体来看，“竹林七贤”的诞生，与当时贵族社会强烈的表演欲相呼应。其中存在着那个时代看似矛盾却实际互补的历史现象——在严格的贵族门第秩序和名教规范之上，一种反叛的、表演性的、自由的个人主义追求出现了。

每个名士随时都受宗族身份的束缚，必须按照名教的规范行事，然而显示宗族身份的行为，却同时带有强烈的仪式性，名士们由此在生活中发展出高度的表演自觉。他们日常生活的一个重点就是突显等级差异，也就是刻意将人与人之间的差异表现出来，包括丧礼、丧服在内的种种礼仪，也都是在表现差异，其作用在于让人不能忽略差异，每个人都必须按照各自的身份生活。

因而，这种贵族文化，一方面是集体性的，另一方面却又不断提醒个人在集体秩序中的独特身份，它唤醒了个人意识，尤其鼓励了个人表演。个人和个性，在这套贵族文化中，得到了空前的展现。

在这方面，曹丕的《典论·论文》最足以代表文学价值观的转变。这个时代的文学信念是，首先，人们相信个性与文章分不开，是什么样的人就会写出什么样的文章，这勉强不来，也骗不了人。其次，读文章时我们不能不注意到文章背后的那个人，他拥有什么样的个性，他的个性使得他擅长写怎样的文体，不适合写怎样的文体。正因为人有个性，有差别，所以那种跨越文体的全才不存在，不同的文体对人的个性的需求是彼此冲突的，会写这种文体的人，必然不适合写需要另一种个性的文体。

当然，对个性的讨论，仅限于贵族阶层，会写文章的贵族有个性，其他贵族应该仔细辨识他们的个性。至于不识字、不属于贵族阶层的人，就不在讨论范围内，他们不存在个性不个性的问题。讨论个性时，一个不言而喻的前提是，区分有个性的少数贵族与无个性的非贵族大众。这是一种带着强烈歧视的区分方式，个人、个性只属于贵族，是贵族文化的一部分。

于是，在贵族的圈子里，出现了强烈的艺术化倾向。贵族有资源，有闲暇，在生活中不仅追求奢侈华美，还追求精致雕琢。同时，要表现个人、个性，除了少数人以冲撞名教的方式过放纵的生活，大部分贵族比较安全也比较容易的选择，是在精致艺术方面的追求。而且，贵族不能不表现，要是他们找不到能够表现自我、突显个性的方法，在这个贵族社会里，就没有他们的存在空间。

这样的社会环境说明了为什么魏晋南北朝会出现那么精彩的艺术表现。贵族社会的艺术化倾向，容许并鼓励对精致的追求。这样的倾向也反映在思想上，名士谈论玄学、玄理，越说越玄，一层层向内探索，形成了中国抽象思维的一个高峰。在文学上，名士讲究文字与文字之间的关系，讲究声音与声音之间的关系，这个时期受外来语言的影响，中国的声韵之学大幅发展，再加上精致的艺术追求，于是骈文产生。骈文不单纯是为了表达经验和想法；声音、文字上的巧妙安排，优先于经验和想法，这是骈文创作的前提。

隋唐以后，贵族社会和贵族文化逐渐消失；宋朝以后，这个时期贵族文化的背景甚至都已经被遗忘了。同时，这个时期产生这种特殊的艺术追求的动力，尤其是对个人和个性的强调，经常被后世忽略。近世以后的王朝重视集体性甚于个人和个性，而六朝贵族文化为后世中国人保存了一个展示个人和个性的窗口，时常被后世援引。

11

佛教的特殊地位

这样一个高度层级化的贵族社会，有种种维持层级结构的方式。随着时间推移，上下层级之间的差距越来越大，规范越来越严格，彼此之间的联系也就越来越少。在这种情况下，只有一个特殊的力量，能够贯通上下阶层，那就是外来的佛教。

佛教在六朝发达的一个原因便是，它成了社会阶层上下贯通的一个渠道。佛教能发挥这样的作用，与它是外来宗教有密切关联。佛教非本土产生，也就没有固定、必然的社会位置，反而有较大的游离空间。翻译过来的外来内容，更使得佛法具备高度迷离性，有更大的解释空间。

佛教一方面有抽象、高深的教理，比如说空，说因缘，说因明，等等，这类知识需要高深的智识能力才能理解，适合作为清谈的题目，因而成了贵族社会所需的门槛。但另一方面，佛教又有纯粹信仰层面的内容，比如相信轮回，教人追求解脱，确认“苦”是有道理，可以解释的，等等，这给活在乱世里的人很大的纾解和安慰。

上层的人以谈论佛教教理炫耀学识，下层的人皈依佛教信仰而求得心安，两种不同的途径，都属于佛教系统。东晋以后，佛教就开始在中国将自己的组织放进原有的社会结构中。六朝的寺院组织，与贵族门第一样，拥有庞大的庄园，在经济上能够自给自足，也取得了与帝王和贵族平起平坐的地位。许多人在社会上流离失所，或在其他地方得不到发展，就进入寺院。佛教的兴盛，在一定程度上缓和了六朝贵族社会的僵化趋势，为社会创造了一点流动的空间。

其中就包括了中国后来从六朝贵族社会走出来的关键因素。如果没有佛教，我们很难想象此后在隋唐帝国出现的逐渐打破严格社会层级的变化，要如何产生。而佛教不是凭空在中国获得如此重要地位的，从印度的佛教到中国的佛教，佛教经过了漫长的历史演变。

第十讲

外来势力的迫近

01

中国经历的系列冲击

中国文明始于新石器时代的多元起源，后来逐渐出现了一些聚拢统合的力量，其中最主要的是部落联盟，如东边的商、中间的夏、西边的周等。周人向东方发展后，通过新的组织形式产生了空前的影响，经过漫长却极有效率的历史演变，周人成功地以封建制度统合整个地区，还不断地向外扩张。

后来我们所认知的中国文化，就是在这个基础上建立起来的。从周到秦，政治组织形式又发生了一番大变化，即从封建变成帝国，然而中国统合性的文化已经形成，且有其内在的独特性和凝聚力。秦来自西陲，在周朝的封建体系中经过长时期的演化，才带着异质的成分向东发展，当它结束战国的混乱后，便在全国范围内以中央集权的帝国体制取代先前的封建制度，但秦的影响并没有动摇中国核心地区的文化统合。

这样的情况，在汉末完全改变了。一大批游牧民族，在与中原地区只有短暂接触的情况下，就从北方涌入，这是一个前所未见的现象。不仅如此，还有一股外来势力，从西边过来，不是大量人群的迁徙，而是思想，其中最主要的就是经中亚转手而进入中国的佛教。

后来佛教在中国生根发芽，形成了一个庞大的社会系统，至今仍有广泛的影响力。正因为这样，我们很容易忽视佛教刚进入中国时带来的强烈冲击。在六朝时期，佛教的异质成分及其带来的冲击，不亚于政治、军事上所谓的“五胡乱华”。这些新趋势都是对周朝以降一直存在的中国统合秩序的剧烈冲击。

02

从印度佛教到中亚佛教

最早进入中国的佛教，主要是从西域的大月氏传过来的。大月氏原先的地理位置是在河西走廊至天山一带，但因为匈奴和乌孙人的追击，大月氏被迫放弃原有的根据地，往西迁移。公元前130年左右，大月氏迁到中亚的阿姆河流域，后来征服了大夏国（Tochari），然后为适应新的地理条件，逐渐从游牧生活转为半农耕半游牧的生活。他们既具备农业生产优势，又保留着游牧民族的机动性，所以大月氏进行了近一百年的扩张，在公元50年左右，统一的贵霜王朝出现了，公元2世纪为其鼎盛期。

对短暂存在过，后来又消失了的历史王朝，我们倾向于遗忘，且忽视其范围和影响。贵霜王朝的疆域很广，其势力西边到达里海地区，并统治了中亚和印度北部等大片地区。如果不是这样一个联结印度和中亚的贵霜王朝，印度文化很难进入中国。

但是，进入中国的印度文化，首先经过了大月氏人的选择，并不是所有的印度文化都传入了中国，即便是传入中国的印度文化，也不见得是印度文化中最主流的部分。贵霜王朝兴盛的时间，与佛教在印度半岛北部流行的时间大致重叠，因此大月氏人接受的印度文化，不是在印度更为普遍的婆罗门教，而是佛教。

印度佛教起源于公元前 6 世纪，而到了公元 13 世纪德里苏丹国占据印度北部时，佛教在印度几乎消失了，不再具备实际的影响力。但奇特的是，在这近两千年里，佛教不断向外传播，具备浓烈的扩张性；当佛教在印度本土式微时，印度以外的很多地方都产生了基础稳固的佛教势力。

佛教扩展的关键时期，是孔雀王朝（约前 324—前 188 年）的阿育王在位时。阿育王统治时期是佛教与政治力量结合得最紧密的一段时间。阿育王将佛教定为国教，于是，佛教便随着孔雀王朝的扩张而向外传播。其中有一条向南传播的道路，从印度到斯里兰卡，再从斯里兰卡到东南亚。

另一条向北传播的道路是从印度到中亚，不久便接触到当时中亚最大的政治势力——大月氏人的贵霜王朝。大月氏人进一步将佛教向东传播。大月氏人兴盛时，积极地与中国往来，二者之间已经发展出成熟的交通条件，商人、佛教僧人都可以方便地进入中国。

传播到中亚的佛教，成为印度佛教与汉传佛教和藏传佛教之间的桥梁。藏传佛教基本上有两个来源，其中一部分是从中亚传过去的，另一部分是后来汉传佛教进入西藏带去的。后来，汉传佛教继续向东传播，发展出日本的佛教——和传佛教。这是古代佛教传播的大致情况。

03

了解佛教才能了解亚洲历史

要了解公元之后的亚洲历史，必须了解佛教，因为佛教在亚洲的势力和影响实在是太大了。

两项因素是我们理解佛教的主要障碍。第一，佛教体系庞杂，各分支之间，无论是教理，还是组织，还是宗教仪式，都有很大的差异。它们都叫佛教，却存在着无法统合的差异。而且佛教在漫长的发展过程中，不曾有过中心组织，没有像基督教的罗马教廷、拜占庭的东正教中心等能够统合地方差异的核心组织。

第二，佛教不仅是历史，而且是一个至今仍然极其活跃的宗教。在现实中，很多佛教信徒，很多习佛者，他们所知道、所认定的佛教，与历史上的佛教往往有很大的差异。当我们从历史的角度研究佛教，现实中的理解和想象经常导致我们扭曲历史事实。

因此，要回溯佛教究竟是什么，考察佛教进入中国后所经历的变化，这恐怕需要大家将原本已有的印象先放在一边。如今我们所知道、所认定的佛法，很可能已经与原始佛教的主张有了很大差距，甚至矛盾之处。

我曾经学习过佛教，却从来不曾“习佛”，也就是说，我一直将佛教教理视作知识吸收，对其进行分析，而不是把它当作指导生活的信仰。过去学习佛教的经历对我产生了奇特的影响，我比较熟悉古老的、原始的、刚传入中国的早期佛教，相较而言，对后来辉煌发展的中国佛教教派，比如华严、天台、禅宗等越是中国化的佛教，我越是没有把握，不相信自己能理解得够深刻、够明确。

原始佛教及其早期格义，当下佛教界很少关注的这些内容，是我的研究领域。我学习佛教，是在美国的研究所念书期间，跟随一位日本教授学习的。这位日本教授是我见过的在佛教哲学方面最博学的人，他精通古巴利文、梵文和藏文，当然也懂日文和中文，所以他能够从根本佛教、原始佛教一直讲到汉传佛教、藏传佛教、和传佛教，并清楚地说明其流变，以及佛教各派之间的差异。

我选择学习佛教，是出于研究中国思想史尤其是魏晋思想史的需要。所以我的指导老师让我先专注于根本佛教和原始佛教，我甚至学过一点古巴利文和梵文，花了五年时间，上述内容算是打下了基础。

以根本佛教、原始佛教为基础，我看待中国佛教时会有不太一样的角度。比如，过去谈佛教，人们习惯区分“大乘”和“小乘”，这两个词的梵文原文分别是 Mahayana 和 Hinayana；并且人们理所当然地认定“大乘”一定比“小乘”好，比“小乘”高明。那位日本教授讲佛教，几乎从来不用“小乘”这个词。这个词是从“大乘”（大众部）本位出发，贬抑地给予敌对派别一个富含偏见的名称。而那个派别的自称是 Theravada，意思是上座部，这个名称涉及它与大众部的分别，出自原始佛教的传统。上座部在教理上有自身的成就和坚持，我们不能简单地视之为低于“大乘”的“小乘”。

向南传入东南亚的佛教教理，主要就是上座部的教理，而传入中国的则以“大乘”为主流。对这样的分野，过去的说法似乎认为，佛教早在印度便已有“小乘”和“大乘”之分，两派传入中国后，中国人很聪明地选择了教理更高超的“大乘”。这样的看法忽略了佛教传入中国过程中的种种变量，尤其是大月氏人起到的关键作用。在中国，之所以“大乘”大行，一部分原因是西域的大月氏人已经对佛教教理先进行了一次选择，而传入中国的只是西域人偏好的部分佛教教理，事实上，中国并未全面吸收佛教，再进行选择。正因为这样的周折和限制，唐朝的玄奘法师才要去印度佛教的发源地取经，为的是跳过西域佛教，直接学习原汁原味的印度佛教。

西域的筛选，再加上佛教传入中国的特殊时间，使得“大乘”在中国成为佛教正统，但这并不表示中国社会、中国文化必然倾向于“大乘”。如果换一个不同的历史条件和历史时期，那么佛教进入中国产生的影响，自然也会不一样。

04

原始佛教的起源

理解佛教最好的方式是回到佛教起源的地方，弄清楚佛教原来的样貌。印度佛教一部分内容来自婆罗门教。早在公元前10世纪左右，婆罗门教已经建立起自己的传统，婆罗门教有四部《吠陀经》作为其核心教义的经典。

古老的婆罗门教与古希腊的原始思想有类似、相通之处。他们也是假设有一个天上诸神居住的特殊领域，而诸神拥有操控、决定人的悲喜遭遇的能力。《吠陀经》的来源，据说是有人偷听到诸神的启示，偷偷传达给人间，因而《吠陀经》的第一义就叫“吠陀天启”。《吠陀经》的作用，就是让人理解天上诸神，用正确的方式讨好、影响天上诸神。

因此，婆罗门教的另一个重要观念是“仪式中心”。婆罗门教有很多仪式，都被认为是有助于改善人与天上诸神关系的。这些仪式源自《吠陀经》，也都强化了《吠陀经》教导的人避免惹诸神生气，保持与诸神良好关系的用意。

诸神中最大的，就叫“天神”。由“天神”的嘴巴呵气而成的人，就是人之中等级最高的“婆罗门”。只有他们是“天神”所生的，所以他们拥有特权地位，只能由他们掌管仪式。公元前10世纪左右，随着婆罗门教的形成，印度的种姓制度也形成了。从此，印度成了一个阶级森严的“种姓社会”。

印度种姓制度主要把人分为四个阶级——婆罗门、刹帝利、吠舍、首陀罗，他们在社会上是有上下分工的，分别是祭师阶级、帝王阶级、平民阶级和奴隶阶级。最重要的是，种姓之间是不能交往和混合的，必须保持严格的区分。

婆罗门教和种姓制度持续了几百年，佛祖释迦牟尼诞生时，印度的社会组织产生了严重的问题，那就是婆罗门与刹帝利之间的关系越来越紧张。前者拥有的，是神圣的宗教权力，后者拥有的则是世俗的统治权力，而且二者互相隔绝，不能混合。虽说婆罗门的地位在名义上高于刹帝利，然而控制在刹帝利手上的权力更现实、更具体，二者之间很难不互相侵犯。

婆罗门地位最高，他们的权力是向上的，也就是服务天上诸神。他们可以聚拢财富和特权，但他们无法直接统治吠舍和首陀罗，遇到世俗事务时，他们不得不依赖刹帝利。刹帝利拥有绝大部分的世俗权力，但在相当程度上必须依赖婆罗门，因为诸神的终极真理是通过婆罗门传达的。

释迦牟尼出生时，婆罗门在长期享有特权的情况下严重堕落，过着极度奢华纵欲的生活。一个代表天神的阶级，在世间却如此纵欲享乐，这与超越的神圣性似乎没有半点关系。

于是，婆罗门内部发生了争议和分裂。在释迦牟尼的时代，婆罗门教分化为六个不同的门派，它们对神与人的关系，以及对婆罗门的自我认知，产生了不一样的主张。这六个门派分别是：数论、胜论、正理、吠檀多、弥曼差和瑜伽。

另外一个与之相关联的变化是，刹帝利中有人开始试图突破婆罗门的解释垄断，它们开始在婆罗门的权威之外思考：人生是什么，宇宙是什么，什么又是最后的真理。于是另外两个“非正统”的派别产生了，因为它们不属于婆罗门，所以说是“非正统”。这两个派别，一个是耆那，另一个是 Charaka，一般译作唯物论者。

耆那和唯物论者所提出的主张，明显都是针对既有的婆罗门正统，因而我们可以借由他们的主张，反过来了解那个时代婆罗门提出的思想出了什么问题。耆那的特色在于强调因果，即人的行为一定有因有果，恶果有恶因，恶因即恶行，恶行带来恶果，人最重要的事情是消除恶果。而要消除恶行带来的恶果，就必须通过苦行。苦行是善因，能够带来善果，并且能消除过去恶因所积累的恶果。

他们主张并实践极端的苦行。耆那中有一派叫白衣派，另一派叫裸衣派，裸衣派意味着连衣服都不穿，忍耐极度的贫穷和贫穷、贫乏所带来的种种痛苦。忍耐贫乏、痛苦能够带来善，这样的信念，突显了他们对当时婆罗门奢华生活的不满，他们因此将婆罗门视为恶。

耆那是明显的苦修派，而唯物论者有时就被当作纵欲派，但这样的印象模糊了重点。唯物论者仍然是针对婆罗门现况而出现的，他们特别强调自然律，也就是在思考因果上，他们比耆那更彻底，更普遍。耆那讲的因果集中在人的行为上，恶行带来恶果是根本，但唯物论者不认为人的行为是最重要的，甚至不认为人的行为可以决定因果，改变因果。

唯物论者看重的是自然物理的变化，那样的变化不会随着人的意志、人的行为而转移。这种思想有着强烈的宿命论、颓废色彩。后世之所以将唯物论者视为纵欲者，实际上是因为他们主张，人不管做什么事，都不会影响、改变自然和物理的运作，那么，人做什么事情都是可以的。

唯物论者会有这种极端的想法，其实也还是针对婆罗门的堕落。为什么诸神的后裔，看起来那么败德丑陋？为什么他们坏事干尽，却依然享有天神的恩宠？为什么他们做坏事却不遭受惩罚和报应？这些是当时婆罗门以外的其他人心中真实、痛苦的疑惑。唯物论者为大家提出了解释：这个世界的因果，与人的行为无关，人的行为不会带来相应的后果。在这个理论上，唯物论者与耆那形成了强烈的对比。唯物论者以一种犬儒、颓废的态度看待婆罗门的糜烂、腐败。

释迦牟尼就是在这些思想流行的时代诞生的。

05

悉达多的困惑

释迦牟尼本名是 Siddhartha（悉达多），姓 Gautama（乔达摩），后来人们称他为释迦牟尼，源自 Sakyamuni 这个词的音译，意思是他的族 Sakya（释迦）产生的圣者，那是他得道以后，别人给他的尊号。

悉达多是天竺中部一个小国的王子，属于刹帝利阶级。他出生的国夹在两三个大国之间，其中有一个大国非常有野心，常常发动战争，引发了许多灾祸痛苦。虽然悉达多贵为王子，但他经常离开皇宫，在各处看到人们所承受、所忍耐的痛苦后，他产生了根本的疑惑：人生为什么这么苦？如何能够摆脱、离开这些苦？

29 岁时，他不愿再过王子的生活，决心离家。他经历了很长一段时间的浪游，直到 38 岁，才在菩提树下得道。他的浪游分为几个阶段，每个阶段都有特别的意义。

离家之后，他首先遇到的是数论派的修行者。数论派基本上是婆罗门教内部的改革者，是反对婆罗门腐化的一股力量。数论派对世界的形成，提出了与传统很不一样的说法。传统上，婆罗门教认为世界是由诸神创造的，也由诸神控制，却并未解释诸神如何创造世界。数论派主张，世界是由两股力量构成的，其中一股力量叫 purusha，另外一股力量则是 prakriti。简单、通俗的翻译将这两股力量说成“我”与“物”，也就是说，世界是由“我”和“物”互动产生的。

数论派所说的“我”，指的是欲望，也就是人的最主要的力量。他们所说的“物”，指的不是我们眼前看到的具体的、现实的东西，而是指一种状态，一种特殊的平衡状态，每一样东西都各居其位的状态，比较适切的翻译，应该是“物各付物”，即所有的“物”都处于最自然、最自在的平衡状态中。

世界是如何产生的？按照数论派的理论，就是一个带着欲望的自我意识，因打扰了原本“物各付物”的平衡状态，催生出不稳定，于是“五大”——地、水、风、火、空出现了，相应的“五支根”和“五作根”也出现了，前者是五种最主要的感官，后者是五种最主要的器官。

如此，世界产生于不安定，也破坏了原本的平衡状态。数论派的这个说法，影响了悉达多，他将世界视为痛苦的。按照这样的世界观，数论派所追求的，就是要将“我”与“物”再度分开，消除“我”的欲望，不要再打扰“物”的状态。而数论派主张用来消除欲望的手段，和耆那很像，主要是通过苦行，人们靠苦行消除欲望之后，世界会回归平衡状态。

不过，数论派作为婆罗门教的一派，与耆那的不同之处，在于数论派保留了诸神。人的苦行，主要是给诸神看的，诸神看到人放弃欲望，便会赐给人和世界平衡。

悉达多与数论派的苦行者在一起一段时间后，离开了他们。他离开的主要原因，就在于他不能接受苦行的目的竟是讨好天上诸神，他觉得一定还有更根本的道理。另外，数论派遵循原先婆罗门教的种种仪式，以及对仪式的看重，也无法让他信服，比如，对这些苦行者杀羊祭祀的仪式，他找不到祭祀的意义何在。

06

悉达多求道

与数论派苦行者分道扬镳之后，悉达多找到了瑜伽派的教师。那个时代，瑜伽派的核心概念是“禅定”。几千年来，瑜伽都强调身体，专注于让身体进入某种状态，认为人在那样的状态中可以解决很多问题。瑜伽借禅定要进入的状态，主要是“非想非非想”。

“非想非非想”，意思是人靠着身体上的动作或呼吸，清空思想，进入一种像是没有思想的状态。但谁也不能真的变得脑袋空空的，这就像一个物体，而不是人了；人必须既非如平常在脑袋里塞进许多想法，也不是彻底的空洞无意识，而是在“非想”与“非非想”之间的状态，这是一种复杂、迷离的境界。在“非想”之前，没有想法本身也成了一个想法。

悉达多跟着瑜伽派的修行者学了一整套禅定的方法，这些方法后来也进入佛教，成为佛教修行的一部分。然而悉达多还是不满意，因为“非想非非想”仅是一种状态，不能真正解决他所看到的生老病死的痛苦。人进入禅定之后，却不可能一直停留在那样的禅定中，也无法从反复的痛苦里真正地解脱出来，只是在禅定中暂时遗忘了痛苦，或假装痛苦不存在。

于是，他又离开了瑜伽派教师，继续浪游，同时体验苦行，以当时流行的“日食一麻”的苦行方法，过了整整六年。之所以进行漫长的苦行，是为了探究苦行应该有比讨好天上诸神更根本的意义。六年后，他觉得自己找到了，所以停止了苦行。

这期间发生了一个有趣的插曲。在悉达多忍饥挨饿的过程中，他曾经接受一个牧羊女给的乳糜，就是用牛奶煮的稀饭，以恢复体力。然而，同行的苦行者指责他经受不住饥饿的考验，向诱惑妥协，背弃了苦行的原则，因而他们离开了他。对悉达多来说，这是悟道的一个关键，迫使他理解了人为什么要苦行。苦行本身不应该是目的，而是一种让人看懂一些平常看不清的道理的手段。一旦看懂、看清了，就没有必要继续苦行了。

脱离苦行之后，悉达多进入了新的“中道”时期。不放纵，却也不刻意苦行，这叫作“中道”。不刻意压抑基本的欲望，比如吃东西的欲望，但也不追求纯粹满足欲望的享受。这样的“中道”来自他六年苦行的经验，印度佛教的各个派别，都强调亲身体验，并以自己身体上的感受为达到宗教目标的主要途径。

从苦行到“中道”，悉达多开始将佛教建立在不一样的、特别的宗教元素上。虽然佛教保留了自身体验的部分，但它更讲究

“思辨”。在菩提树下得道之后，悉达多成了释迦牟尼。佛教的第一个重大发展是“初转法轮”，也就是他将当时因悉达多接受牧羊女的乳糜这件事情而离开他的五位同伴找了回来，对他们说法，并说服了他们，这些人成为他最早的信徒。

07

原始佛教的教义

佛祖释迦牟尼“初转法轮”留下来的内容，奠定了根本佛教和原始佛教的基础。所谓“根本佛教”，指的是佛祖还活着时，所传的佛教教义。“原始佛教”则是指佛祖圆寂之后，正式的教派划分出现之前的阶段，也就是曾经亲自听佛祖说法的弟子，积极地整理、记录佛祖说法内容的阶段，所传的佛教教义。

根本佛教和原始佛教有几个重点。第一，佛祖反对“神创”，也就是反对一个更高的神秘力量，无论其有没有意志，是否创造了世界，创造了人这些说法。如果说是诸神创造了世界和人，那么作为被造世界的一部分，人就没有了自主的意志。神创论是佛祖“初转法轮”时就明确反对的。佛祖也反对神通，也就是人通过仪式与诸神沟通，这相当于否定了吠陀的传统。

"初转法轮"时，佛祖不讲太深奥的道理，这一点很明确。《中阿含经》中有鬘童子的故事，故事里留下了"十无记"（另有说法是"十四无记"）的说法。"十无记"指的是十个是非难明的问题，是鬘童子问佛祖的问题。十个问题实际上可分成四组，前面三组各有两个问题，第四组有四个问题。

第一组问题是，这个世界是有固定规律且按照规律运行，还是没有规律？第二组问题是，这个世界是有限的，可以看到、找到其边界，还是无限的？第三组问题是，我们的身体和我们的灵魂，到底是统一还是分离的？若是统一的，身体和灵魂能够分开吗，或者说灵魂能够离开身体而存在吗？

后面四个问题则是同一个问题的四种可能的变体，是关于生命终结的问题。现实生命结束了，就什么都没有了吗？生命结束了，生命会继续存在？如果生命会继续下去，是否以我们熟悉的方式继续？还是生命既不会以我们熟悉的方式继续，也不会以我们熟悉的方式结束？

这些问题，是许多人的困惑，也是世界上宗教之所以存在的理由。这些问题不是靠人的一般经验和思考能够解决的，也不是人能够轻易放下而不被困扰的问题。宗教，尤其是创立宗教的教主，往往是借由提供了关于这些问题的或聪明或决断的答案，才赢得了信众的佩服和追随。

面对这样的提问，佛祖却有很不一样的回答方式，这显示了根本佛教的特殊态度。佛祖会不断回到自己当时离家的初衷，那就是他被人的生老病死之苦震撼，要寻求让人解脱痛苦的方法。也就是说，真正重要的，是离开痛苦，如果这些问题无助于人离开痛苦，那么无论其他人认为这些问题有多了不起，对他而言，都没有迫切回答的必要；不如将这些问题先放在一旁，先处理其他的更重要的问题。

按照佛教的说法，佛祖对于“世有常”或“世无常”这样的问题，他当然是有想法、有答案的，但在“初转法轮”时，他不回答鬘童子的提问，那是因为他反对空洞的为问问题而问问题的态度。他回答之前，先要追究，为什么对方要问这些问题，回答这些问题与消除人生的痛苦有什么关系？如果一个人弄不清楚其间的关系，那就先不要问这些复杂难解的问题，别把时间和精力耗在这上面。

因而，佛祖一方面阻止鬘童子问“十无记”，另一方面举出了“四圣谛”，即不同方向的解答，以取代那些是非难明的问题。“四圣谛”是“苦苦”“习苦”“灭苦”“灭苦道”，也就是“苦集灭道”，都是与人生之苦直接相关的，是解释并处理人之恒常痛苦的教理。

首先，“苦苦”指的是人生会经历苦，在现实层面感受苦，承认并接受人生是苦的。然后要“习苦”或“集苦”，这意味着人要了解“苦”是怎么形成的。人在明白了“苦”是由诸多因缘聚集合拢而形成的之后，再来“灭苦”，也就是靠着了解这些因缘来历，消除“苦”，从“苦”中解脱出来。

但这样还不够。还有最后一个阶段“灭苦道”，就是人不仅在现实中消除“苦”，还要彻底消除造成“苦”的原因。

人生有“四苦”和“八苦”，所以每个人随时都在体验“苦”。

“四苦”是生、老、病、死，“八苦”则再加上了“怨憎会”，即总是遇到自己讨厌的人或事；“爱离别”，即自己喜爱的人或物或事，很难一直在身边；“求不得”，即我们会有欲望，想要却得不到；最后是“五阴炽盛”。

“五阴炽盛”的“五阴”指的是五种常见的黑暗事物，分别是“色”“受”“想”“行”“识”。“色”就是我们的肉体，是人之为人的物质条件。“受”是我们的情绪变化。“色”和“受”都是具体的、现实的事物，然而人还会被非现实的、虚空的事物侵扰，那就是“想”。比如回忆，明明已经过去，已经消失了，却不断地被我们召唤回来，干扰我们。我们的猜测、推断、反思等，都是“想”。“行”指的是我们的所作所为，比如促成行为的意志，行为之前会有的欲望、动机，以及具体行为和行为带来的后果等。最后是“识”，这是我们与外界接触，受到的刺激及其产生的影响。

“八苦”之中，最苦的是“五阴炽盛”，所以佛祖用了烧火的比喻。这五种黑暗的力量，在我们生命里像火一样，一直在烧，烧得我们不能平静，让我们随时受折磨。我们要“灭苦”，就必须消灭“五阴”所烧的火。

在理解“苦”时，佛祖特别强调，“乐”非但不是“苦”的对立面，反而是造成“苦”的一个原因。生命之所以苦，关键就在于生命中有短暂的快乐，让人产生误解，无法充分、真正地掌握“苦”，所以人就连第一步的“苦苦”都跨不过去。人习惯于得到一点点稍纵即逝的快乐，这样的“习”蒙蔽了人对苦的理解。

要“灭苦”，佛祖提出了“八正道”，也就是八种修行。第一种是“正见”，对这个世界要有正确的认识和理解。第二种是“正志”或“正思维”，要有正确的决心，看到世界是痛苦的，知道快乐是虚假的，就下定决心离开虚假的快乐，追求真理。第三种和第四种是“正语”和“正业”，按照正确的认识，说正确的话，做正确的事。第五种是“正命”，选择自己人生的道路，出家或不出家；如果不出家，对应该从事的行业，以及对待别人的方式，要选择清楚。第六种是“正方便”，或译作“正勤”，要找到正确的方式修行，以获得修行的效果。第七种是“正念”，维持纯正的思维和见解，时刻消除一切妄想。第八种是“正定”，不因邪念、邪说或任何外界刺激改变原本修行所得到的。

靠着“八正道”修行，可以“灭苦”，修行到极致，那就能“灭苦道”，彻底摆脱“苦”了。这是佛祖最初说法奠定的佛法基础。

08

十二因缘

根本佛教最核心的关切是解决痛苦，所有的说法和解释都密切围绕解决痛苦的需要。而解决痛苦的开端，是重新解释这个世界，也就是诉诸人的思维认识。根本佛教非常强调思维、思辨，有时甚至不太像宗教，因为它标举的是“思”，是靠解释、说服的，而不是“信”。佛法的开端，是用想的，即人如果不能正确地了解这些道理，就不可能得到解脱。

根本佛教由这个核心，进而衍生出“十二因缘”，又称“十二支”。在佛祖看来，构成世界的图像中，最重要的就是“因缘”，他将耆那的观念延伸到极致，强调事物皆由“因缘”构成，而且“因缘”是个庞大、完整、复杂的“大锁链”，世上没有无果之因，也没有无因之果，因此，我们在人生中遇到的任何事，都是有来历、有理由的，而且现在所做的任何事，也都在创造“果”。这是人生最大的正谛，也是最需要人正确把握的。

“因缘”中，有“业”，即过去的因造成的果；还有“法”，即现在的因，其果还没有“现”，是隐藏着的。佛法的因缘解释极其复杂，再加上原本婆罗门教的轮回观，结成了天罗地网，将我们生命中的一切都纳入其中。没有任何事是偶然的，即便所种的因没有现实之果，也会形成潜在的“法”，而在将来某一天“现”。

“十二因缘”本身是一个因果联结，最先起于“无明”，即人对世界、人生的看法不正确，就如同陷入黑暗中。“无明”所造之果，就是“行”，就是妄动。然后，“行”引发出“识”“色”“入”“触”“受”，它们分别有“六识”“六色”“六入”“六触”“六受”。这些源自“无明”的刺激、反应，就造成了前面所说的“五阴炽盛”，而使人进入不安宁、不安定的境地。

“六色”，讲的是外界刺激与我们感官之间的关系；“六入”，则是我们感官受刺激之后产生出来的；“六触”，则是因“六入”而引起的反应；“六受”，则是这些反应，成为下一个行动的中间联结。

“十二因缘”中，前面的都是后面的“因”，后面的都是前面的“果”。“六受”之后，人经由这些感官反应，进一步产生“爱”，也就是顾惜的欲望，或者说控制和占有的欲望；有了“爱”，接着就会去“取”，也就是追求、争取更多，然后就要“有”，也就是认定这些是属于自己的，把自己的存在与这些事物相联结。

这些都是强求，当然也就都是痛苦了。人要“取”，要“有”，所以就有“生”的痛苦。有“生”，必然有“老、死”，如此绕了一个因果之圈，“老、死”返回“识”，或返回“无明”，或返回“行”，人对“老死”的知觉和恐惧带来更多的盲动，甚至以错误的方式防止、避免“老、死”。

“十二因缘”也帮我们解释了另一层的因果关系，那就是“惑”“业”“苦”。人“无明”，就是有“惑”，有“惑”因而造“业”，“业”便带来了“苦”。在当下之前，人就有造成现实之“苦”的种种过去之因，它们产生现在之果；现在之果又进一步刺激人去爱、去取、去拥有，这就形成了现在之因，它们又继续造出未来之果，这叫作“二世一因果”。

整个“十二因缘”图是“三世二因果”，从两个层次完整地包含了人生中的每一项遭遇、每一种感受，让人明白为什么自己身上会发生这种事，从而探求自己该怎么办。

该怎么办？佛祖提出的基本教导，是“三法印”。“诸行无常”“诸法无我”“涅槃寂静”，是之谓“三法印”，是我们一定要掌握的真理。“诸行无常”，意思是你的任何作为，无论是对事还是对物，都会带来不稳定。因为任何行为都不可能是恒常的，没有恒性，有所改变，那就是破坏。这项主张，明显受到了数论派关于“我”与“物”互动观念的影响。

“诸法无我”，意思是所有的原理、规律都没有本性，没有内在真实性，人不应该执着于此，执着于任何原理、规律，认定其非如此不可，因为那样就掉入“十二因缘”中了。

因而，真正能解决所有痛苦，也是人应该追求的终极目标，是“涅槃寂静”。但涅槃寂静是怎样的一种状态？全都不动，如同槁木死灰一般没有任何不安稳之处，通过这种方式消除所有的“苦”吗？

应该不是。根本佛教阐释的涅槃寂静，比较接近数论派所想象的世界之初：在“我”的欲望发出干扰之前，“物各付物”，即每样事物各居其位的状态。

09

佛教分裂为上座部和大众部

上述便是根本佛教的大概教理，很明显地都围绕着“苦”，并且试图找出解决“苦”的方法。解决“苦”，必须依靠正确的思辨、理解，而不是靠信仰，更不是靠仪式，这是根本佛教的精神。

佛祖的弟子和再传弟子，陆续举行了“五百集会”和“七百集会”这两次重大的聚集。到了第三次聚集，佛教就开始分裂了。这主要是因为，佛教从来就不是一个组织严密的团体，佛祖去世后，佛教很难一直维持不分裂的状态。分裂之后产生的诸派别，最主要的两个派别，一个是上座部，另一个是大众部。

上座部与大众部的分裂，可以明确地追溯到一个叫大天的人。大天是个犯五戒甚至犯六戒的人。他的父亲不在家中，他和母亲乱伦。父亲回来后，他怕父亲发现他与母亲的关系，就与母亲联合起来杀了父亲。他在家中待不下去了，外出流亡，遇到了一位阿罗汉。阿罗汉指的是在佛教教团中修行到一定程度，有资格接受世人供养的人。这位阿罗汉向大天传道，大天听了不耐烦，竟然将阿罗汉杀了。流亡一段时间后，他回到家中，发现母亲与家中的一个学徒私通，于是他又将母亲杀了。乱伦、弑父、弑母、杀罗汉，他真是把坏事做绝了。

但是，他一度听见诵经，听见天声，受到了启悟，于是他在教团中逐渐崛起，成为一个小团体的领袖。这就引发了巨大的争议：这样的人，犯了五戒甚至六戒，杀过阿罗汉，也能进入教团，带领信众吗？

大天必定是一个很有领袖魅力的人，即便有那样的过去，他依然能够号召一群人，他们因为大天而主张，即便犯了五戒，也能悔悟成为佛教信众。这些人就构成了佛教的大众部。而教团内有一些长老，强烈反对大天，他们认为必须严格遵守佛教戒律。分裂之后，他们就形成了上座部。

上座部和大众部因为大天的争议而分裂，分裂后二者在教义、思想上，都有了差异，其中最根本、最重要的差异是：如何看待释迦牟尼的身份。上座部承袭原来的记录，将释迦牟尼视为人，但大众部接受了许多人的既有信仰，回到婆罗门教的传统，将释迦牟尼抬高为神。

另外，上座部将阿罗汉的地位看得很高，他们追随佛祖提示的道理，经过长期修行，被认定有代表佛祖解释真理的资格，所以该受人们的供养。而大众部在大幅抬高佛祖身份的同时，却大幅贬低了阿罗汉的地位。

大众部围绕大天创造出新教理，这些教理当然是佛祖所传的佛教教理中原本没有的，比如所谓“大天五事”。

“大天五事”这个说法来源自大天将自己视为阿罗汉，又提升许多人为阿罗汉，这种做法引来批评，有人举出大天身上的五件事，质问他：这样也配当阿罗汉吗？

“大天五事”第一事是“余所诱”。大天平常睡觉时会梦遗，这在团体生活中很容易被发现，于是有人质问：阿罗汉也会被女色诱惑吗？大天的解释是，修行可以克制内在的诱惑，阿罗汉能够达到这点，但梦是外在的，不确定的，阿罗汉对此无能为力，阿罗汉只有成佛，才能抗拒这种诱惑。

第二事是“无知”。有人质问：阿罗汉有不知道、不懂的事吗？大天回答，当然有。只有佛才能掌握所有必需的知识，阿罗汉不是佛，只能掌握内在的知识，对外在的知识，阿罗汉一定有很多不能掌握的。

第三事是“犹豫”。质问和回答基本一样，都是说，阿罗汉不是佛，所以虽对己身的事不会犹豫，却不可能对外在的事物也没有犹豫。

第四事是“他令入”，有人质问：阿罗汉是否知道自己已经是阿罗汉，是否需要别人告诉他，或由外力认定吗？大天的回答是：是的，阿罗汉不是佛，没有能力也没有权利知道自己的阿罗汉身份。

最后一事是“道因声故起”，来自大天睡觉时会做噩梦，会在梦中大叫。有人质问：阿罗汉也会做噩梦，也会被虚幻的疑惑刺激产生不自主的行为吗？大天的解释是，会的，这就是阿罗汉的限制。

从“大天五事”可以清楚地看出，在大众部中，阿罗汉的地位与佛的地位的差距已经不是程度上的差异，而是层次上的差异了；而且成为阿罗汉的标准降低了，更多的人可以在教团里升为阿罗汉。

10

中国大乘佛教的思想渊源

后来在中国流行的“大乘”，追根溯源，便是从大众部中产生的。“大乘”同样神化佛祖的身份，认为佛祖不是一个历史人物；而且在阿罗汉之上，“大乘”添加了“菩萨”，菩萨介于阿罗汉与佛之间。“大乘”甚至进一步将上座部追求的修行目的窄化为只是想成为阿罗汉，于是在中国佛教中出现了“自了汉”的说法。

“大乘”重“菩萨道”，意味着不仅要解决自身的痛苦，还要帮助别人解决痛苦。在价值上，自己从痛苦中解脱，低于帮助别人解脱痛苦。这是大乘佛教中特有的“菩萨道”。世人不离地狱，我誓不离地狱，这是菩萨发愿的关键内容。在这里，大乘佛教区分了根本佛教、原始佛教中没有的信众，其中有救人者和被救者，而他们不再只是得解脱者和未解脱者而已。甚至原本地位崇高的得解脱者，在大乘佛教中也被降级了，他们的地位低于救人者。

因而大乘佛教“重救渡”，强调救人的高贵性质，相对而言则“轻戒律”。因为救人要用各种方法，用各种工具，且按照被救者的情况灵活运用。于是，大乘佛教在对戒律的强调上，便没有上座部那么严格了。

比起上座部，大乘佛教有着强烈的人间性，因此在家居士的重要性就被抬高了。上座部中，出家才是修行的正道，比丘、比丘尼受到尊崇。相对而言，大乘佛教中有《维摩诘经》这样的经典，彰显的是在家居士维摩诘的智慧和能力。因为“重救度”，所以留在俗世人间的在家居士，比与俗世隔离的比丘、比丘尼更有机会，也更有成就。

大乘佛教主张，我们所体验的世界是空幻的，这也不是根本佛教中佛祖的主张。万事万物皆由因缘而成，和万事万物皆虚空，这是两回事。在大乘佛教中，尤其在龙树的中观思想里，所有因缘所据者才被论述为空。中国最流行的佛教经典，比如《心经》《金刚经》，都继承了如此主张“空”的教理。

做上述比较，是为了提醒大家：理解佛教传统，认识中国佛教的兴起，不能过于坚持中国本位立场。要主张中国佛教的特质，毕竟还是得先弄清楚佛教原本的样貌，才能通过对比找出合乎史实的说法。很多突显中国佛教独特性的说法，往往言过其实，也低估了从印度佛教传过来的内容。

另外也要提醒：因中国本位而产生的偏见，认定“大乘”佛教高于“小乘”佛教，因而主张中国佛教也就高于南传佛教，也是夸大其词。“大乘”与上座部有明显的区别，却不见得可以分出高下。上座部的佛理有自身的价值，我们不应该以“小乘”的称呼一笔带过。

汉传佛教和藏传佛教，都衍生出不同的内容，但我们不能认定，只要是从中国衍生出来的内容，就一定更有价值。看待历史时，最好别急着评价，先弄清楚历史事实比较重要。

具备了原始佛教的基本认识，我们才能较清晰地掌握佛教在中国的变化，也才能进一步认识佛教在其中起到重要作用的中国中古历史。